山陰文化ライブラリー　14

お茶の殿様　松平不昧公

――不昧の歩んだ道と伝えられた文化遺産――

石井　悠

ハーベスト出版

口絵①　移転・再築された草庵風の明々庵《めいめいあん》　南東から

口絵②　明々庵　治郷筆待合《まちあい》の「掛板《かけいた》」（松江歴史館蔵）
出典は、千利休の教えを伝えたとされる茶書『南方録』

「掛板」に書かれた内容

一、賓客腰掛に来て、同道人相揃はば、板を打って案内を報ずへし

一、手水の事、専ら心頭をすすぐをもって、此の道の肝要トス

一、庵主、貧にして、茶飯の諸具不偶美味も又なし、露地の樹石天然の趣、其の心を得ざる輩は、是より速やかに帰去れ

一、沸湯松風に及び、鐘声到らば客再び来、湯相・火相の差となる事多罪〃〃

一、賓主歴然の會、巧言令色入べからず

一、庵内庵外において世事の雑話、古来之禁ず

一、一會始終は、二時に過べからず
但し、法話・清談に時うつるは制の外なり

右、七ヶ条は茶會の大法也。嗜茶の輩不可忍者也

天正十二年九月上三　南坊
宗易
不昧宗納　一〃

口絵③
復元された明々庵の待合
茶席の方から

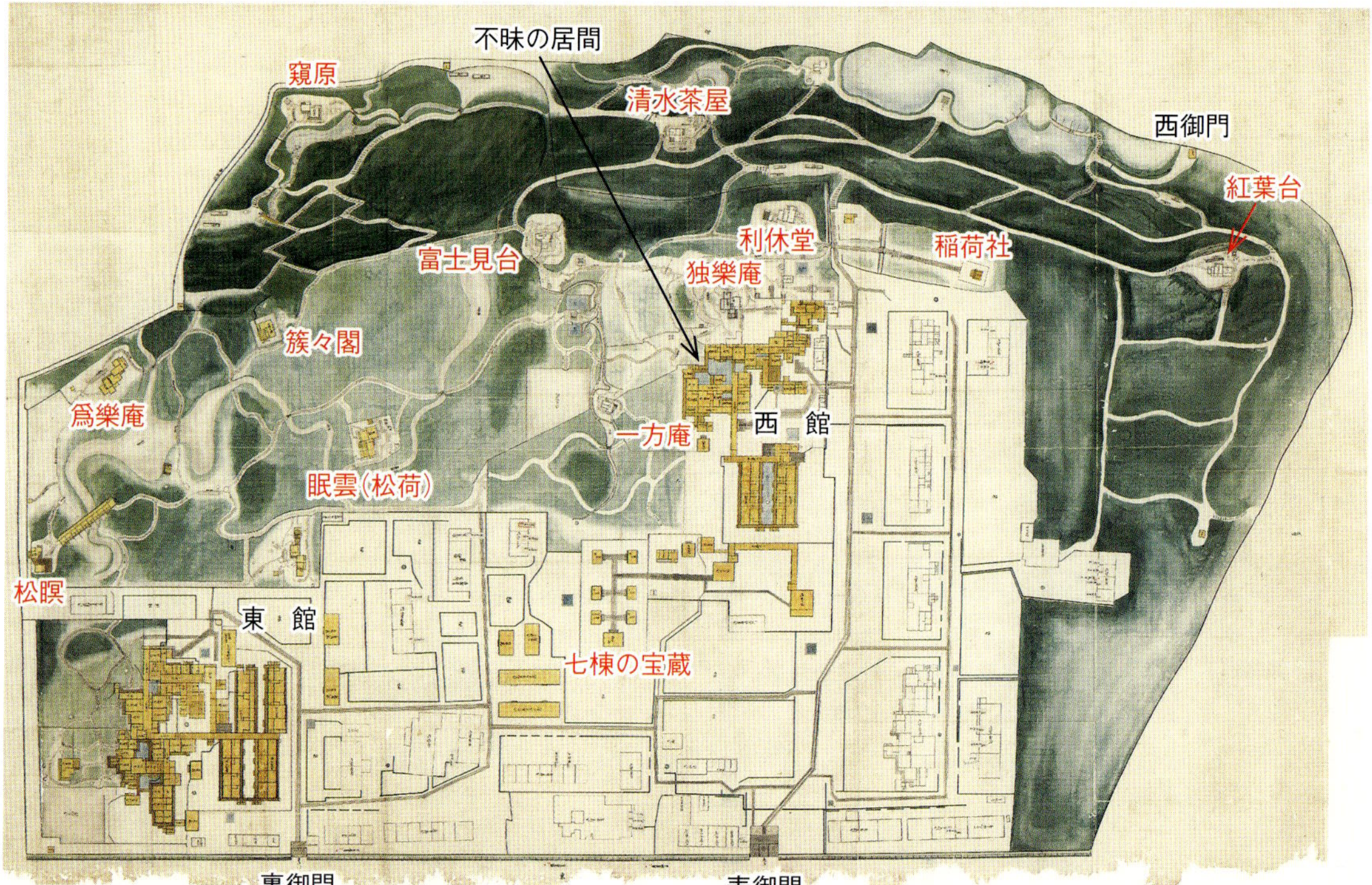

口絵④　「大崎屋敷分間惣御絵図面」加筆（松江歴史館蔵）右が概ね北

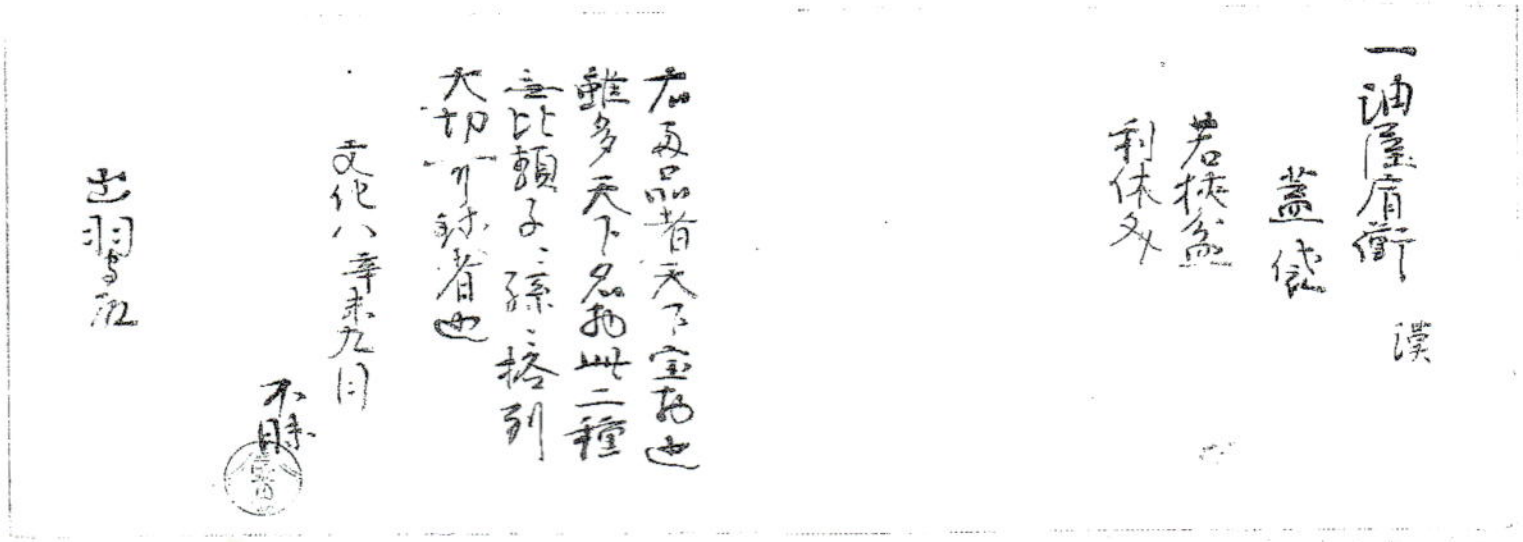
一　油屋肩衝　漢
蓋　袋
君枝盆
利休文
右五品者天下宝物也
雖多天下名物此二種
無比類子々孫々格別
大切可致者也
文化八辛未九月　不昧
出羽守殿

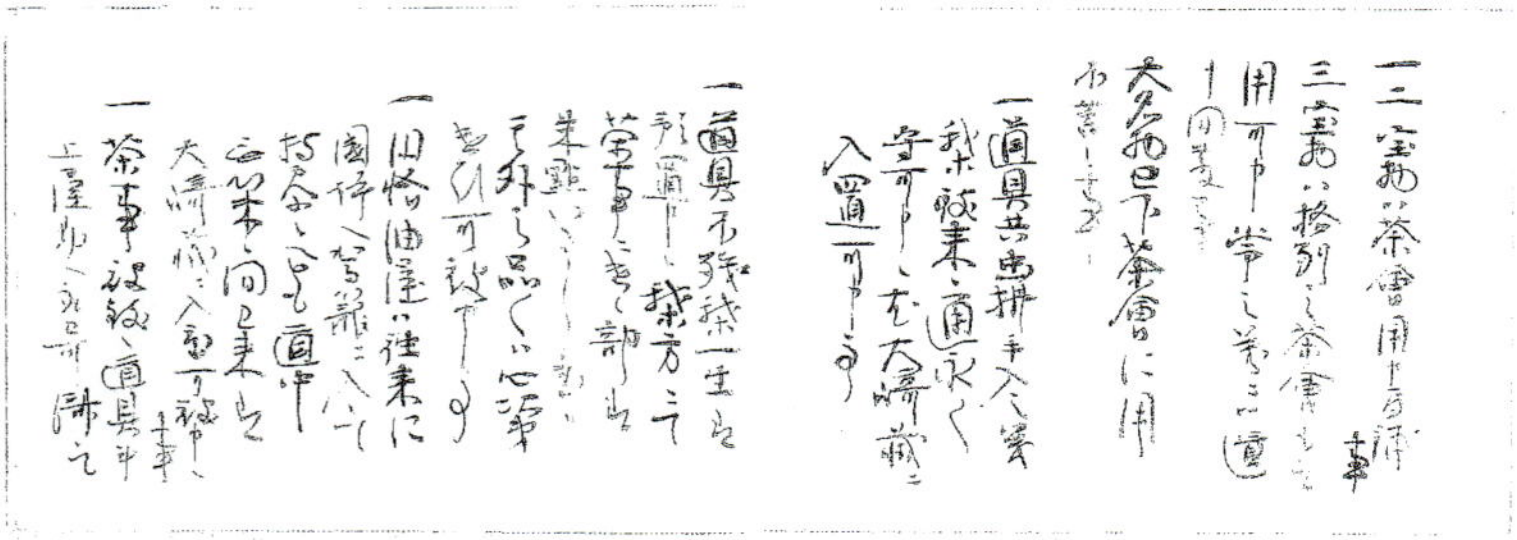

口絵⑤　「道具帖」
斎恒あての譲帳で、後日『雲州蔵帳』と呼ばれるようになった。（文献24より転載）

口絵⑥　小林如泥作
「神狐（杉狐像）」
（松江城山稲荷神社蔵）
江戸の大崎下屋敷内の稲荷社に
納められた杉狐像の原型である

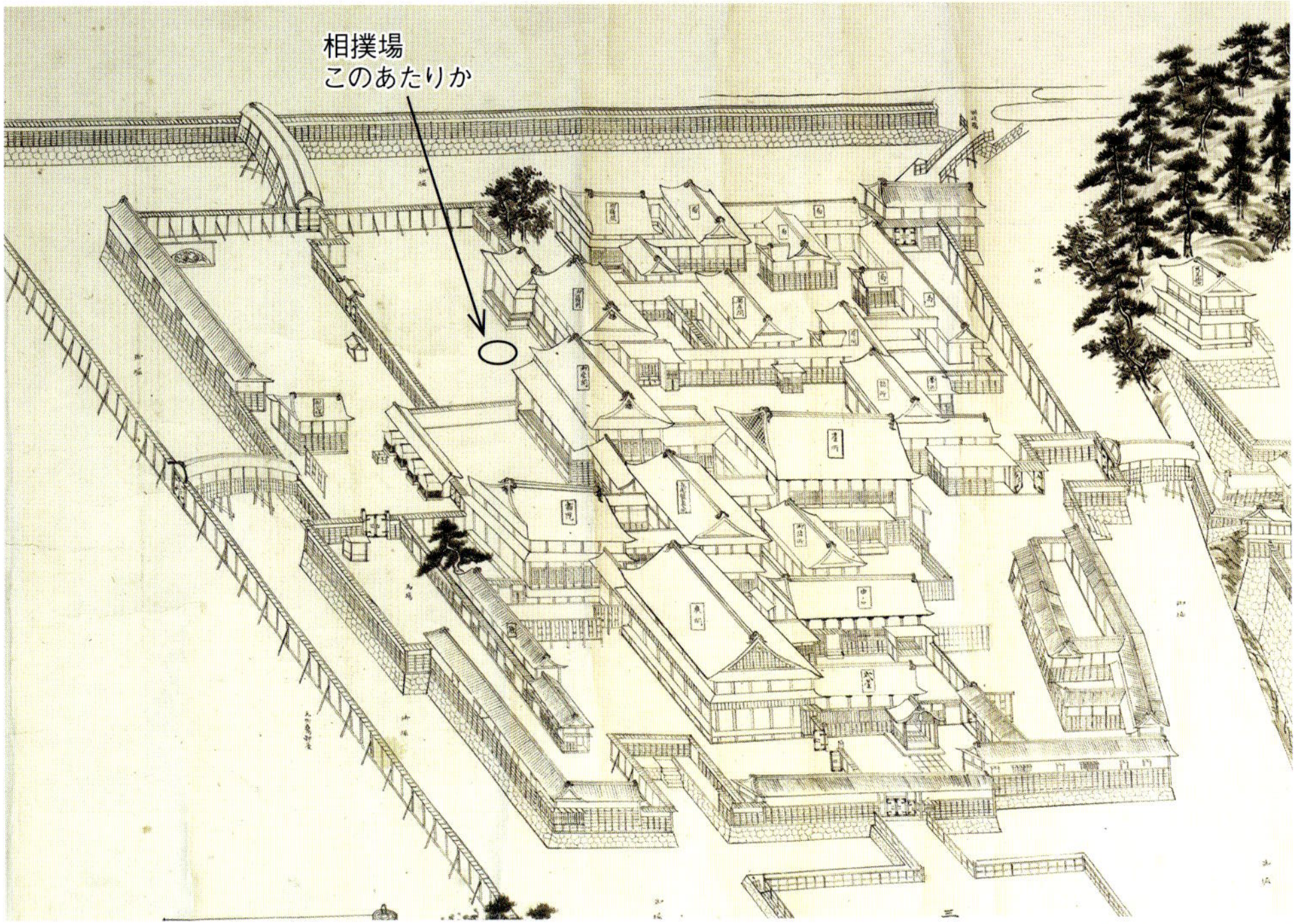

口絵⑦ 「松江亀田千鳥城」明治８年（1875）（部分）加筆　廃城前の三の丸（政庁兼藩主の居宅）（松江歴史館蔵）
本丸や二の丸などでは誤って描かれた部分があるが、江戸時代の雰囲気をよく表している。この三の丸部分も全てが正しいとはいいにくいし、治郷の時代と建物配置に変化があったとも考えられる。

口絵⑧　『古今名物類聚』（松江歴史館蔵）
松平治郷が寛政元年～９年（1789～97）に執筆した茶道具の解説書

茶湯とハ　ただゆを
わかし茶越立て
のむばかりなる毛とを
志るべし

口絵⑨　不昧筆軸（部分）

（MOA美術館　熱海蔵）

軸の右側に寄せて描かれている。

茶の湯の本質についての賛（元は利休の歌）があり、その下に風炉に載せられた茶釜が描かれ、手前に羽箒が置かれている。人物のようにもみえるユーモアたっぷりの画である。

右下には、宗納（瓢箪形）の朱印がある。

プロローグ　松江の町と松平不昧公

松江は、日本海に面した山陰地方のほぼ中央に位置し、宍道湖と中海の南北に開けた人口約二〇万人の中核都市である。温暖な地域であるが、冬の寒さは厳しい。そのせいか、周囲の山河や湖水とか海岸の四季折々の変化は美しい。他地域で見られるような大工業地帯のない静かな町である。

近年国宝に指定された松江城天守があり、城下には江戸時代の町並遺構も所々に残されている。そんな町だからこそ、伝統的な文化も残されている。今は減ってきたが、ズーズー弁といわれる独特な訛りのある出雲弁が話されている。他地域の人々にとって、出雲弁の会話は内容が分かりづらい面もある。山陰という地域性なのか、控えめで消極的な面が指摘されたりもするが、奥ゆかしい親切な人々が多い。

お茶の殿様として、松平不昧《まつだいらふまい》公はよく知られている。松江では、お茶を嗜《たしな》む人が多い。

由緒ある茶室などでの正式な茶会は別にして、細かい流儀や作法を知らなくても抹茶を気楽にいただいている。知人宅を訪問したとき、抹茶を出されることもよくある。この風習は、不昧公の残した松江の文化で、市民に根付いているのである。

不昧公は、お茶の世界のみを追求していたわけではない。七代藩主松平治郷《はるさと》として、あらゆる面に気を配り努力した殿様であった。歴代藩主の中で、最も多くお国入りした人物で、二一回も帰藩している。江戸育ちであるが、松江を愛し、よく知っていた。実際には、人材登用に努め、財政破たんに陥《おちい》っていた藩政を立て直し、後には、自ら政治に携わった殿様である。探究心旺盛で、平素から学門研究や武道鍛錬に努めていた。また、お茶と並んで忘れてはならないものに、禅学の修養があった。茶道の本質は禅道にあると説いていた。

松江市民でも、こうした事実を知らない人が多い。細かい作法とか客のもてなし方など、茶道そのものについては他書に譲り、不昧公の生涯にわたっての暮らしぶりや主な業績とか社会の状況などをかいつまんで紹介しよう。気軽に読める本を提供したい。

なお、藩主時代については、治郷と表記する。内容によっては、治郷と不昧が混在することもある。執筆の都合上、原則として敬称を省略する。

目次

本文中の（　）内数字は脚注番号
カバーの不昧肖像（部分）は、月照寺（松江市）蔵

第一章　幼少期～元服前後

第一節　幼少期からの習い事

出　生　宝暦元年（一七五一）二月一四日、江戸赤坂の藩邸(1)にて、六代藩主宗衍《むねのぶ》の二男が生まれ、鶴太郎《つるたろう》と名付けられた。異母兄千代松《ちよまつ》は、既に夭逝《ようせい》していた。

鶴太郎は、虚弱体質であった。宗衍は、千代松の例もあるので、保育に随分気をつかった。生後三十日、日枝《ひえ》神社（日吉神社、藩邸の隣接地にある）の山王祠への礼参りにあたって、本人には行かせないで家老大橋茂右衛門《おおはしもえもん》（三代目）の二男團仲《ふなか》に代参させている。鶴太郎が二歳（数え年、以下同様）になったとき、宗衍は、幕府に三歳の世子があることを告げた。それまで、成長が心配されたので誕生を告げていなかったが、心配も薄らいだので届けたと思われる。一歳水増しして報告している。六歳の正月に痘瘡《とうそう》を患ったりしているが、その後順調に育てられた。

習い事　宝暦七年、七歳のとき、宗衍の師であった細《ほそ》井九皐《いきゅうこう》から書の手ほどきを受けている。九皐の唐様《からよう》と呼ばれる書風を身につけて各所にその揮毫《きごう》が残されているが、二八歳頃から一転して定家《ていか》流に変えている。これは、茶道上の趣味において、小堀遠州《こぼりえんしゅう》（2）の書をひそかに模範として学んだからという。さらに五〇歳頃から、定家流を離れて不昧流といわれる書風に変わっている。鶴太郎八歳になって、儒臣宇佐美恵助《うさみえすけ》から読み書きの指導を受けた。鶴太郎は、元来頭脳明晰《めいせき》で、一を聞いて十を知ることができたという。一二歳になったとき、恵助は世子の教育について我が国歴代名臣の事績を集めた『輔儲篇《ほちょへん》』四巻と『輔儲談』一巻をまとめ宗衍に進上したという。

利《き》かぬ気の持ち主で、傅役《もりやく》や重臣・近習《きんじゅう》など周囲の者を心配させたらしい。結局、赤木内蔵《あかぎくら》と脇坂十郎《わきさかじゅうろ》

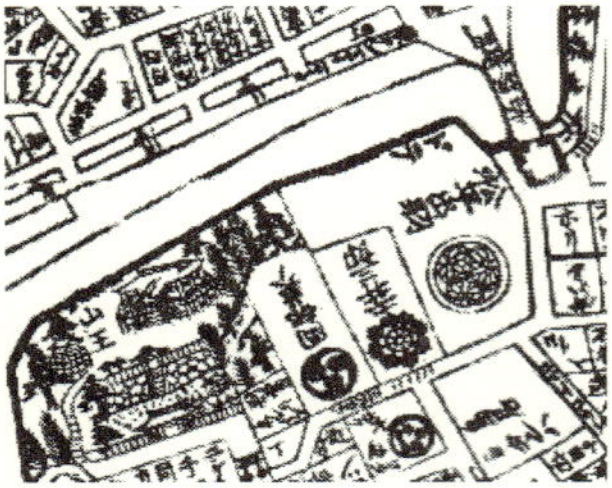

右：藩邸（上屋敷）跡。現衆（右）参（左）両議院議長公邸（都道府県会館から）
左：分間江戸大絵図（部分）　藩邸（松平出羽とある）と山王（日枝神社）が見える（岡山・津山郷土博物館蔵）

兵衛《べえ》が登場し、宇佐美恵助の三人が中心になって教育にあたった。赤木内蔵は剛直で、時には顔色を変えて直諫《ちょっかん》することもあり、脇坂十郎兵衛は柔和で、諄々《じゅんじゅん》として説いていた。宇佐美恵助の指導と相まって、後日の英主として成人させることができたのであろう。当時の松江藩は、深刻な財政難に陥《おちい》っていた。宝暦五年に、宗衍は将軍名代としての上洛・同一〇年には比叡山延暦寺《ひえいざんえんりゃくじ》の修復が幕府から命ぜられ、支出が多かった。江戸でも、松江藩の財政逼迫《ひっぱく》は知られ、朝日丹波郷保《さとやす》の子恒重《つねしげ》が著した『秘書《ひしょ》』に「天隆院《てんりゅういん》（宗衍の諱）様毎日御落涙、扨又、金子壱両御入用ニ付、御小姓すあしに

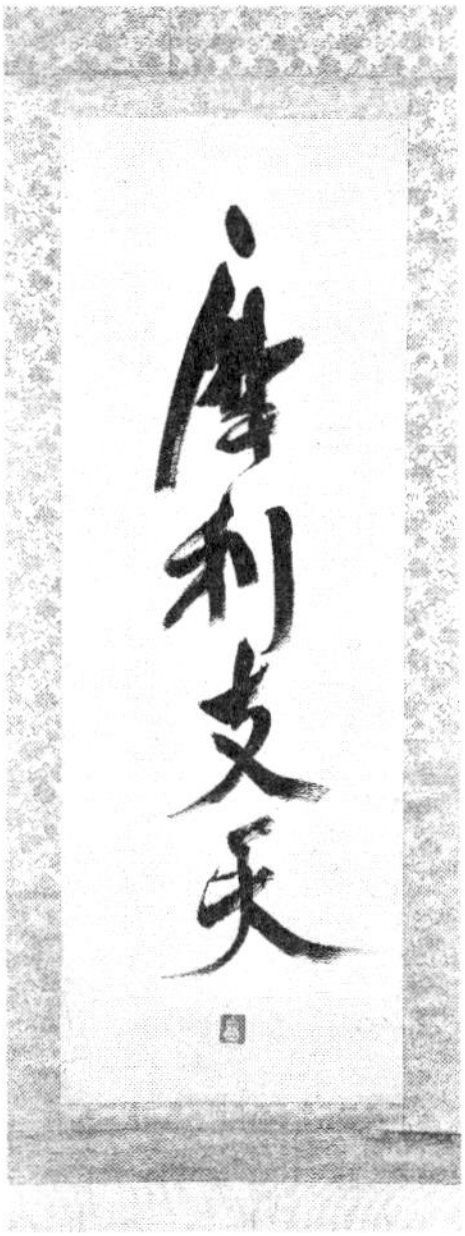

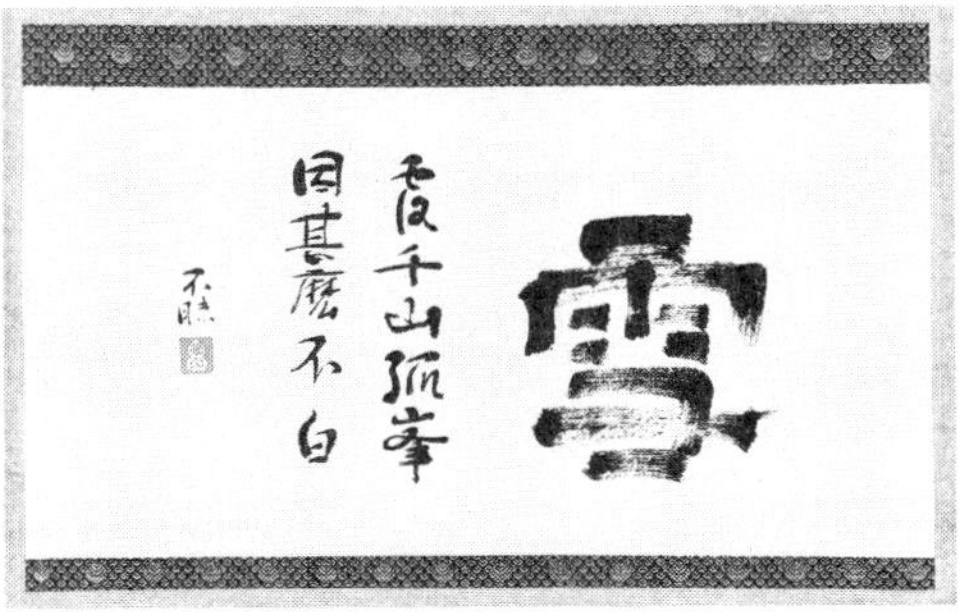

治郷の揮毫
上が唐様「摩利支天」、下が不昧流「雪」
（松江歴史館蔵）

て才覚ニ江戸中かけ廻り候へとも、出羽様御滅亡と承候哉、壱両も壱歩もかし候もの無御座候」と記されている。このような経済的環境も、鶴太郎の人格形成に大きく影響したと思われる。

茶の湯は、幼少時から家老の有澤《ありさわ》五代能登式通《かずみち》によって、石州流の手ほどきを受けた。のち遠州流、千家流、三斎流などを学び、一八歳のとき幕府の茶道師範石州流の半寸庵三代伊佐幸琢《いさこうたく》に入門して研鑽《けんさん》を重ね、二年後に真台子《しんのだいす》(3)の皆伝を得ている。

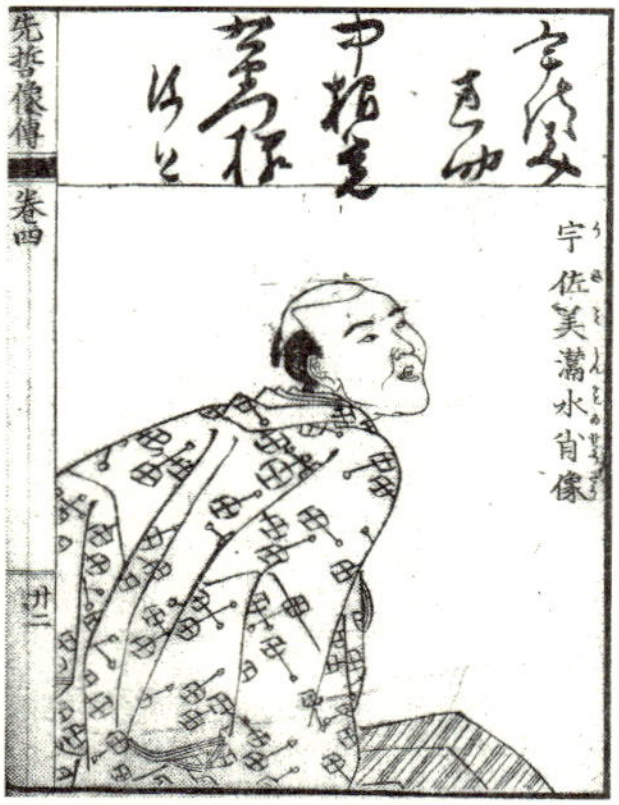

徳斎原義『先哲像伝』に描かれた儒臣　宇佐美恵助(島根県立図書館蔵)

一五歳のときから、武術の練磨に励んだ。出雲五流と呼ばれ、剣術は不伝流居合と新《しん》当《とう》流兵法《ひょうほう》、槍術は一指《いっし》流管槍《くだやり》と柏原流鈎槍《かぎやり》、柔道(4)は直信《じきしん》流、兵学は山鹿《やまが》流のち越後流であった。弓馬術や鷹狩による鍛錬にも努めていた。

治郷の生涯に影響を及ぼした仏の道に精進した。一九歳になって、天真寺《てんしんじ》(港区南麻布)の大巓宗碩《だいてんそうせき》に禅を学んだ。

初登城と元服　明和元年(一七六四)一一月、一四歳で初登城し白書院で一〇代将軍家《いえ》治《はる》に謁《えっ》し、偏諱《へんき》を賜り「治好《はるたか》」と名乗った。翌月には元服し、従四位下《じゅしいげ》に叙《じょ》せられ、侍従《じじゅう》に任ぜられ、佐渡守と号した。最初に一歳水増しして届けてあるので、一五歳として元服の禮を行った。一五日、望日《ぼうじつ》の禮のため、大広間にて将軍に謁し、さらに白書院にて初めて儲将軍《ちょしょうぐん》(5)に謁した。翌年の一一月二八日、初めて甲冑《かっちゅう》を着ている。松平家に、紺糸威《こんいとおどし》子供具足《こどもぐそく》が伝えられていた。松平直亮《なおあき》(6)によって日御碕《ひのみさき》神社（出雲市大社町）に寄進されている。甲冑の古い形式の「大鎧《おおよろい》」を復古的に制作したもので、いつから使い始めたか分からないが、治好の鎧着初《よろいきぞめ》にも用いられた可能性がある。本来の大鎧には附属しない籠手《こて》・佩楯《はいだて》・臑当《すねあて》といった小具足《こぐそく》がついている。鎧櫃《よろいびつ》には葵紋《あおいもん》がある。

松平家に伝わった紺糸威子供具足（日御碕神社蔵）

(1) 江戸には、多くの大名屋敷が置かれ「藩邸」と呼ばれていた。上《かみ》屋敷・中《なか》屋敷・下《しも》屋敷に分けられている。上屋敷は、大名自身が妻子と共に住む本邸であり、政務の場でもある。江戸城に最も近い位置に置かれ、敷地は幕府から拝領していた。松江藩松平家の場合、赤坂御門内にあった。現在、衆参両院議長公邸となっている。敷地内に役所の建物や江戸詰め藩士らの長屋があった。中屋敷は、上屋敷が火災などにより使用不能になった場合の予備屋敷として置かれていた。通常は、世子《せいし》や隠居《いんきょ》した藩主の居宅にも用いられた。下屋敷は、郊外に置かれた別邸で、藩主の遊興《ゆうきょう》・保養のための庭園が造られたりした。上屋敷などで必要とする物を生産する施設を置いた例もある。

（2）本名小堀政一《こぼりまさかず》。江戸初期の茶人・武将。二六歳で近江国小室一万石を継ぐ。後に、豊臣秀吉・徳川家康・秀忠・家光に仕えた。政一の作事・指図による茶室に、大徳寺龍光院の密庵、孤篷庵の忘筌、南禅寺金地院の八窓席などがある。

（3）茶の湯の作法である御点《おて》（手）前《まえ》には、炭手前・薄茶手前・濃茶手前の基本様式のほかに、長板手前・台子手前などいろいろある。真台子とは、台子（茶をたてるとき使う棚）を使った御点前で、習得する中では最後に伝授される秘伝的なものであった。

（4）寺田勘右衛門を開祖とし、段取りの術を主としないで、精神修養をするため、柔道とした。

（5）儲は控えのこと。皇族の場合皇太子のこと。この時は、次期将軍家斉《いえなり》のことか。

（6）直亮《なおあき》は、松平家一三代当主で、松平家に伝わる名宝を東京帝室博物館他の博物館とか社寺に寄贈・寄進した。個人が所有すべきものでなく、また、散逸を防ぐため、しかるべき機関等で保管され、広く一般に供せられるべきものと考えたようである。その結果、現在でも適正に管理されているものが多い。

第二節　藩主名代として初入国

出発にあたって　内心引退を希望していた宗衍は、幕府に対して世子の国入を申請して許可を得た。明和三年（一七六六）六月一三日、黒書院で将軍より暇を賜った。

出　発　八月四日首途《しゅと》の禮《れい》を行い、山王社（前出、日枝神社）および平川天満宮（1）に参詣した。八月五日に仕置役《しおきやく》（当職ともいう）團仲、添役《そえやく》高橋九郎左衛門、近習頭《きんじゅうがしら》脇坂十郎兵衛、扈従番頭《ごしょうばんがしら》村松波衛を従えて、江戸を発った。出発にあたって、宗衍は慇《いん》懃《ぎん》に諭《さと》して、世子または藩主として心がけるべき内容一一か条を記した手書（2）を渡した。藩主として、親として心配だったに違いない。

　九日、大井川まで来たが、水位が高く渉れないので島田宿《しまだじゅく》（3）に泊まって、翌日渉《わた》った。一八日、大津から京都に入り、所司代《しょしだい》阿部飛騨《あべひだ》守に謁《えっ》し、伏見に二日留まって、二〇日、路を西国道にとり姫路から出雲街道の津山に向かった。勝山《かつやま》・美甘《みかも》・新庄《しんじょう》を通って、山陰・山陽の脊梁《せきりょう》山脈の四十曲峠《しじゅうまがりとうげ》（4）を超え、根雨《ねう》・米子《よなご》を過ぎて、二七日に安来《やすぎ》に着いた。家老柳多四郎兵衛が歓迎した。行列はおごそかに松江へ向かった。

　宗衍の帰藩が久しくなかったので、世子の行列を見て、意気消沈していた民にも元気が出たようだという。

初入国後の行動　二八日に松江に着いた。美しい青々とした千鳥城《ちどりじょう》（松江城の別称）の松・宍道湖の水、民の歓迎に感動したようだ。

九月五日、城の本丸と郭外を見て、七日群臣を謁見した。一五日、奥列《おくれつ》以上の朝見禮を受け、一八日、民衆歓呼の中花火を湖東で見た。二四日、武器庫を検閲し、二七日、はじめて月照寺に詣で歴代の墓を拝した。一〇月一日、群臣の謝恩禮を受けた。列した者はおおよそ二六〇人であった。この禮、長い間行われていなかった。一五日、対面所で、上大夫《じょうたいふ》に袷衣《あわせぎぬ》各一領を授けた。はじめて入国したからである。二三日、大石源内の弟子の刀技を見て、翌日には井上冶部大夫の弟子の柔術を見た。一一月二一日、吉田弥太左衛門の弟子の鈎槍技《こうそうぎ》を見、翌二八日、永野伊太右衛門の弟子の管槍技《かんそうぎ》を見、一二月六日、一川五蔵《いちかわごぞう》の弟子の刀技を見た。彼らは、武技をややむなしい想いで数年間練ってきたが、初めてその技を上覧《じょうらん》に供し、それぞれ面目を施したところである。

翌四年正月一八日、茂保宅に行き、近習頭から奉書《ほうしょ》をもって肴一種を与え、茂保を近くに呼び上下《かみしも》一具・木綿綿入を与えた。また、嫡子《ちゃくし》千助、次男捨三郎にも会い、茂保の妻にも目録五百疋を授け、その孫女にいたるまで一家全員を愛《め》でたたえた。

江戸へ向けての出発と報告　明和四年二月九日、江戸に向かって松江を出発した。一七日、山崎より迂回して、宇治の上林三入《かんばやしさんにゅう》（5）宅に行き、夜は伏見に還《かえ》って二日間留まった。一九日、京都に入り所司代に謁し、東海道の諸駅を経て、二八日に小田原に着いた。弟の衍親《のぶちか》が迎えた。三月一日、一緒に江戸に入った。

一五日、登城して将軍および儲将軍に謁し、献上・報告をした。

以上、しつこくお国入りについて記したのは、それだけの手続きと時間がかかるということを伝えたかったからである。また、道中のできごとや松江での行動が、のちの藩主としての立場に大きな影響を与えたと考えたからである。特に、松江での歓迎ぶりは、大きな自信にもなったであろうし、松江を愛する心を植えつけたに違いない。

（1）菅原道真《すがわらみちざね》主神の天満宮と東照宮（徳川家康）を相殿の神として祭っている。文明一〇年（一四七八）に大田道灌《おおたどうかん》が天満宮を江戸城本丸内の梅林坂上に勧請したのが始まりと言われ、徳川家康入城後、本丸修築のためこれを平川門外に移し、慶長一一年（一六〇六）現在の地に遷座した。

（2）一一か条あって、一部を掲げると、大意は次のとおりである。一、諸士はもちろん、民一般を同様にあつかうこと。一、先代よりの作法を守ること。一、家老は、国の大事な役職にあるので、懇《ねんご》ろに接すること。一、貴賤《きせん》に限らず、諫言《かんげん》する者を大切にすること。

（3）大井川の左岸（江戸側）にある。増水で大井川が川止《かわどめ》されると、お伊勢参りなどの江戸からの上り客が足止めされ、さながら江戸のような賑わいをみせた。

（4）岡山県真庭郡新庄村と鳥取県日野郡日野町との間に位置し、両県の県境を成す。標高七八〇m。古くから出雲街道の難所として知られ、播磨国から美作国・伯耆国を経て出雲国にいたる、上方《かみがた》と山陰地方を結ぶ要路であった。

（5）上林家は、安土桃山～江戸時代の宇治茶業界を代表した茶師。上林掃部丞が、上林竹庵を含む三人の弟を分家させ、また、有力な宇治茶師と姻戚関係を結んで上林姓に改めさせ、上林三入などを一族に加え勢力の拡大をはかったという。

第三節　宗衍引退と治郷襲封

宗衍の上表　宗衍の辞意は固く、七月二〇日、家老朝日茂保《あさひしげやす》および小田切尚足《おだぎりひさたり》を江戸に召した。尚足に財政の窮乏を質《ただ》した。次に茂保を呼び、辞意を告げて国政を託したいと伝えた。

一一月二三日、宗衍は上表して辞任を請うた。長年痔疾《じしつ》に苦しみ百薬の効き目もなく、しばしば参府の禮を欠き、藩に帰れないこと七年になり、深く憂えていることが主な理由であった。その結果、幕府から二七日に、出羽守代理と世子佐渡守が揃って登城するよう命が下った。当日、糸魚川《いといがわ》侯松平日向《ひゅうが》守が宗衍の代理人となり、佐渡守治好と共に登城し、白書院に入った。老中高崎《たかさき》侯松平右京大夫《うきょうだゆう》、「出羽守の辞任を認め、佐渡守に襲封させる」旨の命を伝えた。続いて、陪臣《ばいしん》六家老に謁見を賜った。この時の六家老とは、神谷《かみや》備後富仲・小田切備中尚足・大橋茂右衛門偏賢・三谷権太夫長逵・有澤能登式通・齋藤丹下豊義である。乙部九郎兵衛可番・鹽見《しおみ》小兵衛宅逵が藩邸にいたが、病で登城することができず、齋藤丹下を家老として六家老に充てた。

債権者との談判　九月二〇日に遡るが、茂保は江戸からの帰りに、大坂に立ち寄った。ここには、藩借金の元となった蔵屋敷《くらやしき》(1)があった。蔵元《くらもと》(2)ら債権者《さいけんしゃ》に、これまでの返済違約を陳謝《ちんしゃ》した上で、今後の返済方法を談判した。それまでに累積した借金は、「出入捷覧《でいりしょうらん》」(3)の分析結果によると、約五〇万両あった。談判の結果は、「借金の利子等を除き、元金だけを七〇年間の分割支払いとする」となった。その代わり、「年貢米取扱いについては、特権を与える」というものであった。松江藩は、七四年間にわたって返済し続け、天保一一年（一八四〇）、九代藩主斉貴《なりたけ》のときに完済している。

松平家第七代藩主誕生　一二月一日、宗衍の代理人河越《かわごえ》侯松平大和《やまと》守および佐渡守治好

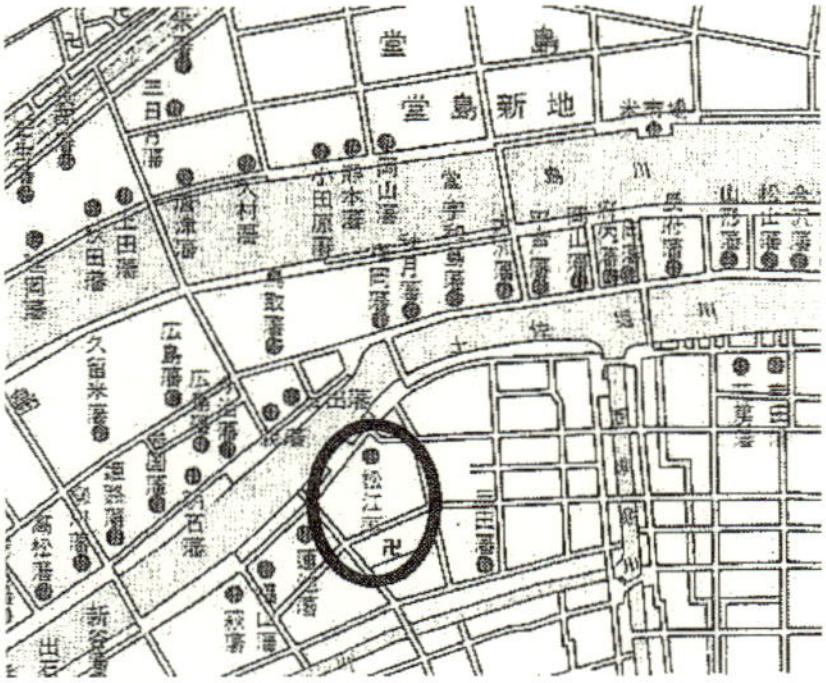

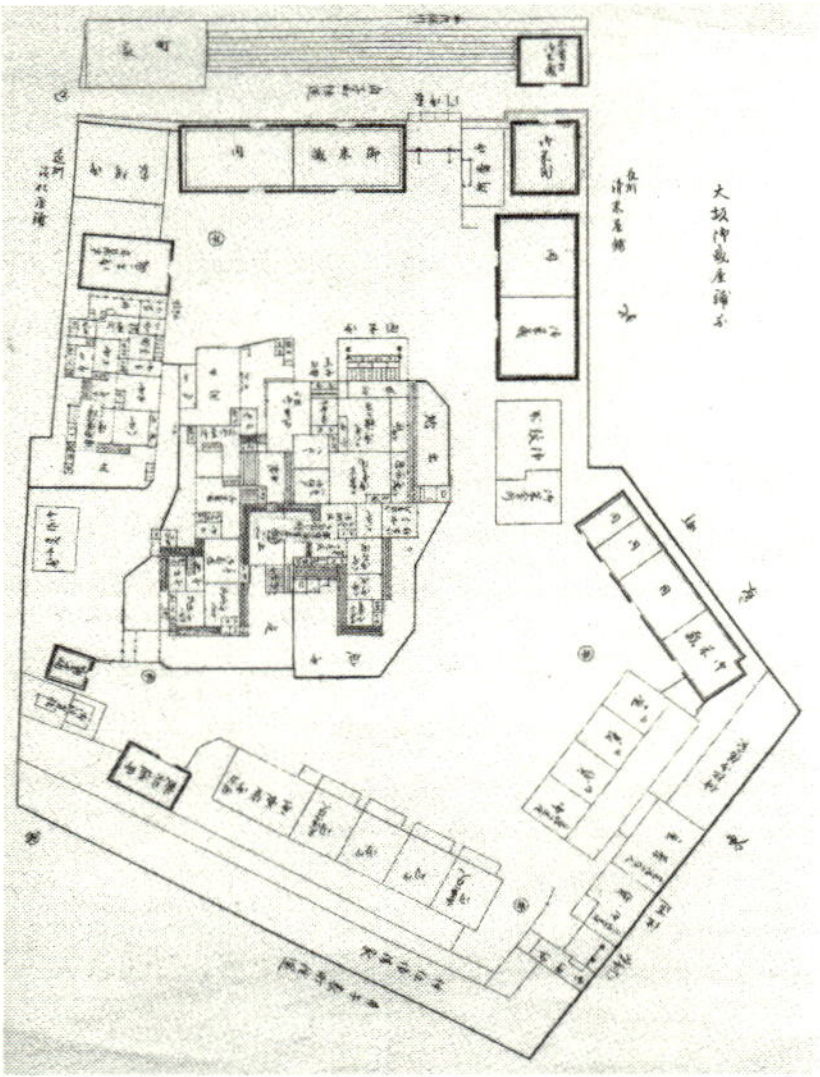

上:大坂蔵屋敷の位置　○印が松江藩
下:松江藩蔵屋敷平面図
北(上)側に土佐堀川へつながる階段がある(松江歴史館蔵)

は、六家老を従えて登城し、白書院で儀刀《ぎとう》一鞘・黄金五枚・真綿三〇束・駿馬《しゅんめ》一匹を献じ、襲封の禮をした。禮を終えて退き、さらに備前清光作佩刀《はいとう》一鞘を献じた。将軍親しく「国中の政務三思して命ぜよ」と諭した。老中、治好謝恩の旨を言上した。治好退いて、次に河越侯、宗衍に代わり、儀刀一鞘・縮緬五巻・馬金《まきん》一〇両を献じ、遠くに将軍を謁して退いた。その時、治好は大広間で待っていた。六家老、禮を終えて退出した。

治好、儲将軍に謁し、儀刀一鞘・黄金三枚・駿馬一匹、及び備前盛道作の佩刀一振を献じ、さらに御台所に白銀一〇枚を献じた。また、諸老中を歴訪し襲封の恩を謝した。一二月七日、治好、名を「治郷《はるさと》」と称し、出羽守と改めた。これで、雲州松平家第七代の国主となった。一七歳であった。

宗衍は、藩主として留意すべきことを二〇か条を記した手書を渡した。前年のものと重複する部分もあるが、さらに詳細に亘《わた》っている。

(1) 収納した年貢米などを販売するため開設した、倉庫兼取引所のこと。大坂では、土佐堀川と堂島川流域に集中していた。松江藩の蔵屋敷は、土佐堀川左岸におかれていた。北側の階段に船が着岸できるようになっていた。川を挟んで対岸の堂島川との間には隣藩の鳥取藩・広島藩の蔵屋敷もあった。広島藩の場合、発掘調査され、堂島川につながる舟着場などが検出された。

(2) 諸藩の蔵屋敷で蔵物の出納をつかさどる者。はじめ藩の役人が担当したが、寛文年間（一六六一〜七三）から、だいたい豪商が行い、藩から扶持米を受けた。松江藩は鴻池栄三郎家他三家と密接な関係があった。

(3) 明和四年から天保一一年にかけて七四年間の年々の出納を記した、松江藩の複雑な財政収支書である。安藤秀一氏がコンピュータの導入により解析している。

コラム 大名の江戸城登城

参勤で江戸在住の大名は、藩邸が政務や生活の中心であった。また、多くの屋敷を持っていたので、時には、中屋敷・下屋敷に行くこともあったと思われる。

年始、五節句、毎月一日・一五日や徳川家康の関東入りを祝う八朔（八月一日）には、本丸・西の丸に一斉に登城し将軍や大御所（前将軍）に拝謁しなければならなかった。元服・家督相続・叙位《じょい》任官や、参勤挨拶・交代御《おん》暇《いとま》にも登城した。本丸の登城口は、大手門と内桜田門であった。門前の下《げ》馬札《ばふだ》の所からは徒歩で入城した。供の大半は、主人が下城するまでそのまま待っていたので、大変混雑した。

本丸御殿は、表《おもて》・中奥《なかおく》・大奥《おおおく》の三区域からなっていた。表は公的な行事を行う所、中奥は将軍の居住区で日常の政務を行う所、大奥は将軍の正室や女中たちが生活する区域で将軍以外は男子禁制であった。

表には大広間、中奥には白書院・黒書院があった。大広間は、江戸城の中で最も大きい建物で、将軍の謁見など幕府の公式行事が行われた。白書院でも将軍の謁見などが行われた。大広間に次ぐ格式の部屋であった。黒書院は日常的な謁見に用いられた。大広間から白書院をつなぐ廊下が忠臣蔵で有名な松の廊下である。治郷が初登城で将軍を拝謁したのは白書院であった。

第二章　藩主としての松平治郷

第一節　初入国まで

治郷は、襲封以来約三年間、宗衍と起居を共にしていた。ただし、宗衍は側館に入り、治郷が正館に入った。その間、大奥《おおおく》の修繕と幕府に対する諸禮《れい》の贈答が主な仕事だったようである。前章、第三節の「松平家第七代藩主誕生」で述べたように、幕府での禮は何かと物入りであった。恐らく、逼迫していた藩財政の状況から、頭の痛い仕事であったと察せられる。

明和六年一〇月二二日、藩主として初めて出雲へ向かった。一一月四日、伏見に着き、五日間滞在した。八日、須磨明石《すまあかし》を過ぎて高砂祠（兵庫県高砂市の高砂神社のことか）に詣で、尾上の鏡（不明）を見た。経路を姫路にとり、四十曲《しじゅうまがり》峠を超え、一二日安来に入り、一三日松江城に入った。

第二節　在国初年の行動

一七日、東照宮《とうしょうぐう》・圓流寺《えんりゅうじ》（松江市西尾町）(1)の清廟《せいびょう》、白潟《しらかた》の誓願寺《せいがんじ》（松江市寺町）の清廟を拝し、さらに長袴《ながばかま》をつけて月照寺《げっしょうじ》（松江市外中原町）(2)に詣でた。

一二月四日、朝日丹波茂保に治郷の偏諱「郷」を与え、「郷保《さとやす》」と改名させている。

　翌七年正月、国主として初めての新年を祝して、群臣の饗宴《きょうえん》を行った。諸社司・諸寺主らも礼物を持って祝賀した。一五・一六日、左義長《さぎちょう》(3)がにぎやかに行われた。この行事は、爆竹《トンド》とも呼ばれる。大手前と京橋前の勢溜《せいだまり》に建てられた真木《しんぼこ(ぼく)》（神木）

幕末頃の左義長　堀礫山筆　絵のようすから、大手前広場とわかる。左端に、家老朝日・乙部両家の建物（現松江歴史館）が見える（堀昭夫氏蔵）

の周りに、注連縄《しめなわ》や榊《さかき》など正月飾りがうず高く積まれる。陣笠をかぶり、火事羽織、馬上袴姿の御家中が続々と広場に集まる。鼕《どう》による相図で、火がいれられると、黒煙と炎が上がり、青竹の破裂音が響き、待ち構えていた騎馬武者は、真木を周回する。真木が恵方《えほう》に向けて倒されると、大手前から北へ全速力で駆け出す。家老屋敷の前を走り抜け、右へ曲がり家老屋敷の裏側から米子橋に至り、折返して京橋前に向かう。勢溜の真木を廻り、三の丸御殿前を通って大手前に駆け込む。重臣や御側役を従えた藩主が、火事装束《しょうぞく》で出迎え、扇を振って「ハイヨウ」と激励すると、人馬ともに勇んで踊り上がって駆けたという。家中や城下はもちろん、近郷近在の見物人でに

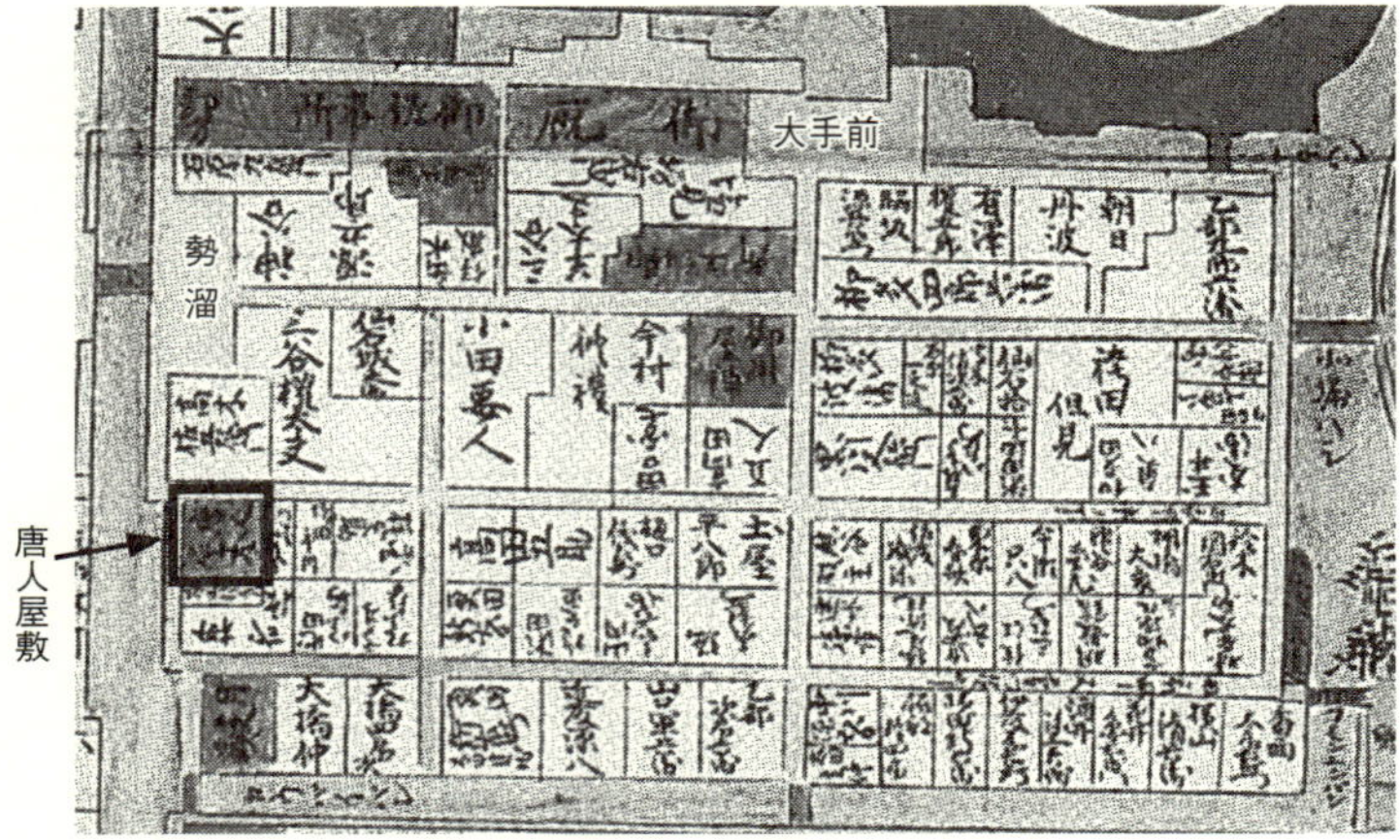

松江城下之図（部分）加筆　右が北（松江歴史館蔵）

ぎわった。
二月になって、月照寺の歴代の祖廟に参り、三月、家臣の武術を見て、それぞれに賞を与えた。四月一日、赦《しゃ》(4)を行い、朝日以下の諸臣を率いて国内を巡視(5)した。六月、砲術《ほうじゅつ》の実地演習を古志原《こしばら》（松江市古志原町）で見た。また、隠岐《おき》(6)大庄屋助蔵の、島前《どうぜん》・島後《どうご》両島の総代としての祝賀を受けた。閏《うるう》六月、小田切尚足《おだぎりひさたり》の辞意を許し、子の半三郎に一七〇〇石を継がせた。八月一日、朝日丹波郷保辞意を申し出たが、許さず、親しく優しく諭した。郷保は、感泣し、古希に近い老躯をささげ、国事に勤めると誓った。

---

(1) 堀尾家二代藩主堀尾忠晴《ほりおただはる》が、東照宮を祀ってその別当寺として造営した。
(2) 松平家歴代の菩提寺《ぼだいじ》。松平家初代藩主直政の母月照院の名から命名されている。
(3) 小正月に行われる火祭り行事。日本全国で広く見られる習俗である。藩主在国のときは正月一四・一五日に、不在のときは一四日に行われていた。治郷も、自ら駿馬に乗って走らせたという。
(4) 一般的には、罪を許すことであるが、この赦は対象が不明。
(5) 四月二一日、松江を発ち宍道湖北岸を通り、杵築《きづき》（出雲市大社町）の千家《せんげ》築後宅で泊まり、出雲大社・日御碕《ひのみさき》神社を参拝した後、稲佐浜《いなさのはま》沿いに進んだ。二五日に飯石《いいし》郡吉田村（雲南《うんなん》市吉田町）の田部家の鉄山をみている。その後、木次《きすき》（雲南市木次町）・加茂（雲南市加茂町）・来待（松江市宍道町）を経由して二八日に帰城している。

（6）島根半島の北方約六〇㎞の日本海中に位置する。東側の島を島後《どうご》、西側の諸島を島前《どうぜん》と呼ぶ。京極《きょうごく》氏の時代までは松江藩に含まれていたが、松平氏の時代から松江藩の預かり地となっていた。

第三節　その他の逸話や行動等

治郷には、数多くの業績や逸話があり、後世の挿話とも思われるものもあるが、いくらかを紹介し、治郷の人柄を偲んでみよう。主な事業などは、次節以下で述べることにする。

脇坂十郎兵衛の諫言　時期は分からないが、雲陽秘事記(1)によると、治郷がはしかにかかったとき、手に汗を握《にぎ》るほどになっても、薬を飲もうとしなかった。枕元にいた脇坂十郎兵衛が落涙《らくるい》した。治郷がそれを見て理由を問うと、脇坂は「ただ国中が闇夜《やみよ》となることを嘆《なげ》いております」と答えた。治郷が「なぜ闇夜となるのだ」と再度問うと、脇坂は「国中の民が直政公以来の名君と頼みにしている殿様がお薬を召されず他界されたなら、国中闇夜となるのです」答えた。治郷は「私が間違っていた」と素直な気持ちになって薬を飲むようになった。長く治郷の近くに身をおいてきた者にとって素直な気持ちを述べただけかもしれないが、この言葉が治郷の心を強く動かした。

東叡山の出火　安永元年（一七七二）二月二日、東叡山《とうえいざん》（寛永寺《かんえいじ》、台東区）本坊から出火し、治郷自ら消火にあたった。かつて、幕命により東叡山の救火隊を勤めていたからである。翌二年三月一〇日、東叡山凌雲院《りょううんいん》から出火し、また治郷が出動した。東叡山は、江戸城の鬼門《きもん》にあたり、上野忍岡《しのぶがおか》に比叡山《ひえいざん》にならって伽藍《がらん》が建立《こんりゅう》された。増《ぞう》上寺《じょうじ》（千代田区平河町）とともに徳川家の菩提寺となり、家綱《いえつな》・綱吉《つなよし》・吉宗《よしむね》・家治《いえはる》・家斉《いえなり》・家定《いえさだ》六代の将軍と夫人の廟が設けられた。寺領は一万余石におよび、広大な寺域には諸大名によって多くの堂舎が建立された。明治元年（一八六八）、戊申《ぼしん》戦争で彰義《しょうぎ》隊《たい》の拠点となり、戦火で多くを焼失した。寺域の大半は上野公園となっている。

妹と本人の結婚費用　安永三年（一七七四）四月、妹五百姫《いおひめ》が淀藩主稲葉正諶《いなばしょうしん》に嫁いだ。同年一二月九日、治郷二四歳のとき仙台藩主伊達宗村《だてむねむら》の第九女彭姫《せい》を娶《めと》った。姫は二三歳であった。実は宝暦一三年（一七六三）一〇月一八日に婚約した。幕府は、婚約を同年一一月一一日に認めていた。実に、一一年後の婚儀であった。姫の生母林喜與《はやしきよ》（阿清、喜代とも書く）は、林従吾通明の娘で、林子平《しへい》(2)の姉（義姉か）にあたる。この婚儀にあたって、新夫人を迎えるため新殿を建てた。妹及び本人の婚儀に関して、必要経費を新たに民から徴収することはなかったという。

資治通鑑を献ずる　安永四年資治通鑑《しじつがん》(3)二九四巻を聖堂(4)に献じた。元禄年間に、寶山院（二代藩主綱隆《つなたか》）が献じていたが、明和九年（安永二年のことか）の火災で焼失していたので、改めて献上した。学問に対する畏敬心によるものであろう。

参勤の時期をずらす　安永五年四月には、参勤しなければならなかったが、疹疾を患って苦しいため、参勤を遅らせてもらうよう幕府に請うた。六月には浮腫《ふしゅ》に悩まされた。天隆院これを大変心配して、同月二日、手紙を近習頭脇坂十郎兵衛と仙石城之助に預けた。さらに、山王祠の神符《しんぷ》をはじめ、藩邸内にまつる深造院すなわち家康公が信仰したという不動尊の御符、生母本壽院《ほんじゅいん》の祈願をこめた大黒天の供物、吉田兵庫が差出した本庄の摩利支天の御符、または天隆院の代参として拝受した麹町善國寺《ぜんこくじ》(5)の御札、本壽院が御百度《おひゃくど》を踏んで祈願した目黒不動の御洗米《ごせんまい》を添えて国に遣わした。さらに、同月二一日、親としての愛情をこめた手紙を与えた。疾患が良い方向にあったとしても、なお注意が必要と諭している。江戸の鍼医《はりい》小牧壽庵《こまきじゅあん》を松江に行かせた。七月二日、壽庵松江に着き、治郷を診察した。既に、国内の侍医、町医が看護を怠らないでいたところ、京都の町医で天皇を診ていた畑柳安《はたりゅうあん》が弟子とともに来て治療した。柳安は、治療の記録も残している。七月五日になって、疾患がようやく治ったので、治郷は柳安に物を与えた。七日、柳安は京都に帰った。弟子横山柳珉《よこやまりゅうみん》はそのまま残り、二四日に帰京した。九月二三日床上《とこあげ》の宴を行った。一〇月四日、天隆院は手紙で全快を祝し諸臣を慰労した。翌日、壽庵も帰った。一五日、治郷は朝日丹波の累年《るいねん》の功を賞して、三〇〇石加増し、代々家老の一員に加えた。これまで、代々家老は、大橋・乙部・神谷・三谷・柳多の五家であったが、これより、六家となった。同月二二日、治郷は、松江を発ち一一月一三日江戸に着いた。約半年の大患より蘇生した治郷を見て、天隆院・新夫人および本壽院は大変喜んだ。

当然のことながら、藩主の痾疾に対して、両親や藩をあげての心配や対応が見えてくる。松江藩が一つにまとまって、財政難他の難局を乗り越えることができた一つの要因であったと思える。

第一子誕生　寛政三年九月六日、赤坂藩邸（上屋敷）にて、第一子が生まれた。生母は、京都の人で側室武井愈喜《たけいゆき》、のちの必眼院《ひつがんいん》である。治郷四一歳であった。彭姫の輿入れ以来一七年間子がなかった。一二日に、世子とした。第八代藩主斎恒《なりつね》である。

ぼてぼて茶　茶の花を干したものを煎《い》って、茶筅《ちゃせん》で泡立たせる。巷《ちまた》では、茶筅が碗にあたる音から、この名がついたと言われている。中に粥《かゆ》または甘藷《かんしょ》を入れたものもあり、老人の嗜《たしな》むものとする。この茶の始まりについては次のような各説がある。天明の飢饉《ききん》の際、治郷考案で少しばかり飯を入れて食事にあてた。あるいは、貧民が薄茶《うすちゃ》を飲むのは贅沢《ぜいたく》なので、治郷がこれを考案した。または、仁多《にた》・飯石《いいし》の山奥の民が、治郷が点茶《てんちゃ》を好むのにならって工夫したという説。しかし、ぼてぼて茶の起源については分からない。

---

(1) 初代松平直政から六代宗衍まで約一五〇年間の藩主と周辺の人々の逸話で構成されている。歴史の記録ではなく、実録としてとらえた方がよさそうである。治郷の時代に作られたと考えられていて、残されているのは全て写本である。比布智《ひふち》神社（出雲市下古志町）旧蔵本（島根県立図書館蔵）には、七代治郷・八代斎恒時代の部もあわせもつ。本書の逸話は比布智神社旧蔵本による。

(2) 江戸中・後期の経世《けいせい》思想家。江戸や長崎に遊学し、工藤平助《くどうへいすけ》や大槻玄沢《おおつきげんたく》らと交わり、海外事情を学んだ。仙台藩に藩政改革に関する上書を提出する一方、「海国兵談」などを表し、日本海周辺の状況と海防の必要性を説いた。しかし、これらの書物は、人心を惑わし政治を私議したとして、仙台蟄居《ちっきょ》を命ぜられ不遇のうちに没した。高山彦九郎《たかやまひこくろう》・蒲生君平《がもうくんぺい》とともに寛政三奇人といわれた。

（3）中国の編年体による代表的歴史書。北宋の司馬光らが撰した。戦国初年（前四三〇年）から五代末の九五九年にいたる通史。

（4）湯島聖堂のこと。元禄三年（一六九〇）、林羅山《はやしらざん》が上野忍岡の私邸内に建てた忍岡聖堂「先聖殿」に代わる孔子廟《こうしびょう》を造営し、将軍綱吉《つなよし》がこれを「大成殿」と改称して自ら額の字を執筆した。またそれに付属する建物を含めて「聖堂」と呼ぶように改めた。翌元禄四年二月七日に神位の奉遷が行われて完成した。林家の学問所も当地に移転している。

（5）文禄四年（一五九五）、池上本門寺第一二代貫主日惺上人により、馬喰町に創建される。たびたび火災に見舞われ、麹町を経て寛政五年（一七九三）には現在地（新宿区神楽坂）へ移転した。本尊の毘沙門天は江戸時代より「神楽坂の毘沙門さま」として信仰を集め、芝正伝寺・浅草正法寺とともに江戸三毘沙門と呼ばれた。現在は新宿山の手七福神の一つに数えられている。

第四節　貧乏な藩から裕福な藩へ

極端な財政危機に陥っていた松江藩の改革は、朝日丹波郷保が中心となって行われた。郷保を中心とするグループを「御立派《おたては》」といい、彼らの政治は「御立派政治」とか「御立派改革」と呼ばれている。

郷保は天明元年（一七八一）に引退しているが、腹心の森文四郎《もりぶんしろう》と共に『治国大本《ちこくだいほん》』と『治国譜《ちこくふ》』を著した。『治国大本』の冒頭に、「泰平《たいへい》の世に国家が危難に及ぶというは、過半《かはん》借用より起こりたるなり。借金にて潰《つぶ》れたる大名なしという人は、言語道断《ごんごどうだん》の不忠者」と述べ健全財政を説き、その財務方針を「入《い》るを図って出《いず》るを制す」としている。

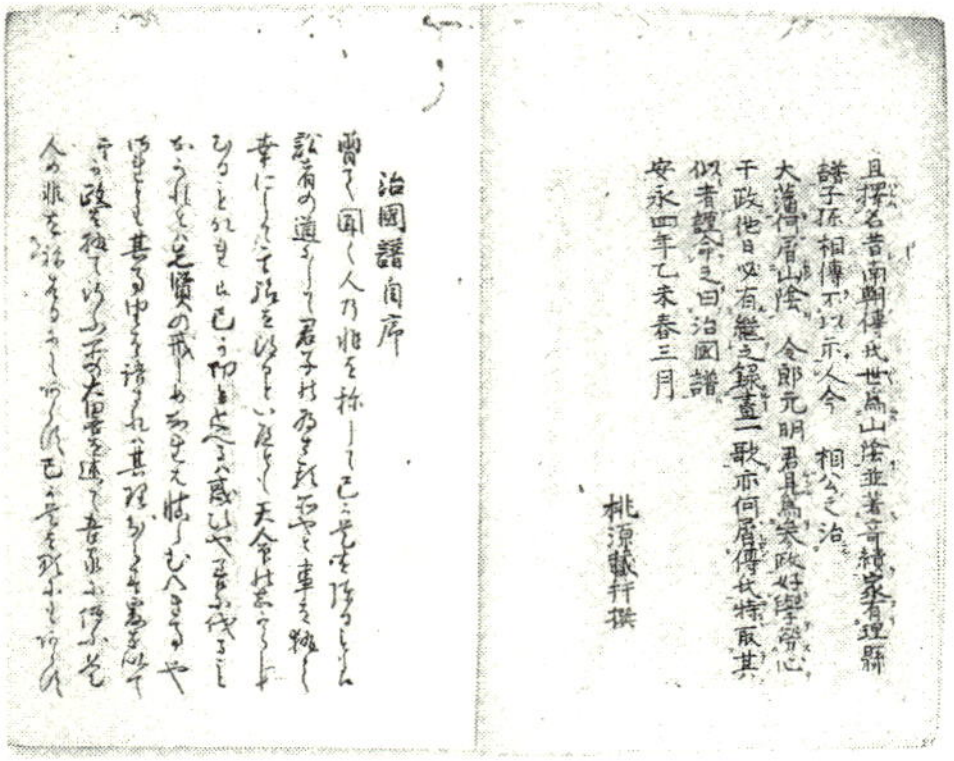
且擇名吾南嶼傳氏世爲山陰並著言積家有理縣
譜子孫相傳不以示人今　相公之治
大藩何眉山陰　今郎元明君且爲参政好學留心
于政他日必有繼之録盡一歌亦何眉傳氏特取其
似者題命之曰治國譜
安永四年乙未春三月
桃源獻軒撰

治國譜自序

『治国譜』（松江市蔵）

実際の御立派政治

納戸金の縮小　藩邸の綱紀粛清《こうきしゅくせい》が、改革の第一歩であった。江戸屋敷の納戸金《なんどきん》に目をつけ、冗費・冗員を省いて、権門《けんもん》への不時の贈り物を廃止した。利息が生ずる借金を禁止するなど、江戸でのすべての節約を、脇坂十郎兵衛の辣腕《らつわん》に託した。十郎兵衛は近習頭として仕置役を兼ね、宗衍の命によって世子の傅役《もりやく》を勤めていた。前述のように、厳格な人柄で槍術に秀でていた。同役の赤木数馬《あかぎかずま》がいて、藩邸内で青鬼・赤鬼と畏敬《いけい》され、綱紀粛清に適任であった。江戸御入用の大幅削減に成功し、のちには、支出をそれまでの三割台に抑え込んだ。

借金の返済と人員整理　郷保（茂保）は、江戸からの帰りに大坂の蔵屋敷に立ち寄り、蔵元と借金の返済について交渉し、その結果、約五〇万両あった借金を七四年間にわたって返済し続け、天保一一年（一八四〇）に完済したことは前述のとおりである。

人員整理については、蕃頭《ばんがしら》・者頭《ものがしら》を減らし、諸奉行に兼職を命じ、諸役所を縮小（義田方《ぎでんかた》・札座《ふだざ》等を廃止）し、冗員を淘汰《とうた》した。徒《かち》以下の減員は九六八人におよんだ。その理由として、「長く続いた泰平の風俗の奢侈《しゃし》は、国用《こくよう》の不足を招いた。悪賢い者が現れ、民の財産を取り立て自分の功とした。為政者もこのような人物を採用し、取り立ての巧みな者を重用し、百姓でありながら俸禄《ほうろく》を得る者が多く、徒以下の擬作高《あてがいだか》の増加となり、国政の基礎崩壊《ほうかい》にいたった。郷保は、この弊害《へいがい》を見抜き、役に立たない者をやめさせ、あるいは不必要な役を省いて、一代限りに養料を支給することにした」とある。「列士録断絶帳《れっしろくだんぜつちょう》」を見ても、この時期にお家断絶が集中しているわけではないので、石取り以上の士分に対しては役職からはずし、役料の減免をはかったのであろう。

銀札通用の禁止　明和四年（一七六七）四月、銀札《ぎんさつ》の流通状況が極めて異常であった。庶民は、銀札が便利であったので、銅銭を出して銀札に変えていたが、奸商《かんしょう》はこれをみて、藩の支配向きが難渋しているのに乗《じょう》じ空札《からふだ》を発行した。本来、銀札一文目は六〇銭であったが、私の価をつけ、時によって一文目を五〇、三〇、二〇銭とした。実際には価値のない札《さつ》で物の売買をし、奸商は私腹を肥やしていた。郷保はこの弊害を除くため、九月、札座を廃止し、銀札の通用を禁止した。

大庄屋の更迭　財政逼迫《ひっぱく》の折、諸役人はなす術《すべ》がなく、一〇郡の下郡《したごおり》に目録(1)を渡し支配を任せた。その結果、下郡たちは威を振るい始め、役人を侮って上《かみ》を畏れない風となった。百姓もこれを見習い、上下逆転の悪風となった。

郷保は、この風を一掃しようと、まず下郡役を取り上げ、次にそれぞれの分限《ぶんげん》をみて、ぎりぎりの出米《しゅつまい》を課し、拒む者の田畑家財を没収することにした。各村の庄屋を罷免《ひめん》し、各一輪《わ》（組）に一人のみを留任させた。このようにして、新たに一〇郡の下郡・与頭《くみがしら》を明示、その職に就く者の生活・行動等は潔白であることを旨とし、古法の趣をもって努めよと令達した。

百姓のうち、先祖の功績で御免地を賜り、これを世襲する者、あるいは国用不足の際に調達金献納等の功によって、小算用格《こざんにようかく》(2)以下御目見格、帯刀御免、苗字御免等の格式を与えられた者からそれらのことごとく取り上げ、小算用格の者には若干の扶持米を給していたのを取り上げて、一代限りの格式に改めた。

藩内借金の棒引き　藩内からの借金もかなりの額に上っていたが、「闕年《けつねん》」という方法で解消した。中世の徳政令《とくせいれい》(3)、のちの棄捐令《きえんれい》(4)にあたり、金銭や物資の契約、権利・義務または貸借関係のあるものについて、すべて帳消しを命じた。森文四郎による『治《ち》国譜考証《こくふこうしょう》』には「禁民間負金之債」とある。藩の負債の債権者である百姓・町人に対して、各種債務の棒引きを実行してしまった。藩と百姓・町人間のみならず、個人間の債権・債務関係すべて無効にするというものであった。

この法令のため、きちんとした証文をもっていても、取り立てることができなくなり、闕年のため賠償を訴える者は厳罰に処することにしていた。松平定信《さだのぶ》の行った棄捐令は、旗本・御家人が札差《ふださし》から借りた金を対象にしたものであった。適用範囲が狭く、比較的緩やかであった。しかし、松江藩の闕年は厳しかった。施行の翌月には藩内一〇郡の下郡等は、藩に代償を要求したが、藩は応じなかった。

このように、債権者は甚大な被害を被《こうむ》るものであったが、庶民による暴動や一揆が起きなかったのは、郷保の改革の意図が、富裕層に偏在した富を再配分しようとしたからである。とまれ、藩の債務を解消できたので、財政の破綻はまぬがれ、数年後には余剰を生ずるにいたった。

農を去り商に就くことの禁止　郷保の経済政策は農業本位で、商業の勢力を押さえようとした。「百姓は力耕して米を得るが、凶年には米ができない。米価が騰貴《とうき》する時は利を得るが、下落《げらく》する時は利を失う。」しかし、商人は物を交易し、価の低い時は買い、高い時は売り、米穀や他の物が乏しくなるのを待ってこれを売り、人の困窮に乗じて価を上げて暴利《ぼうり》を得るため、豊年にも凶年にも儲《もう》けている」と考えていたからである。

寛延元年（一七四八）の頃、農業を捨て商業に就くことを禁止していたが改まらず、明和六年（一七六九）にも禁止令が出された。しかし、農村の沿道に茶店を出すなど、この風は改まらなかった。

百姓の子が大勢いれば、田地を分けることは不可能であるから、商人にすることと定めてあったが、一方では、商人の数を少なくして農業に帰《き》す方針をとっていた。郷中の町で、絹布《けんぷ》類小間物などの京店物《きょうみせもの》を売ることをとめ、杵築《きづき》（出雲市大社町）・今市《いまいち》（出雲市今市町）・安来《やすぎ》（安来市安来町）の三か所に限ってこれを売ることを許した。

河川改修と開鑿

斐伊川《ひいかわ》は暴れ川で、宍道湖に流れ込むようになってから、度重なる氾濫があった。寛永一二年（一六三五）、当時藩主であった京極忠高《きょうごくただたか》は築堤《ちくてい》工事を始めた。しかし、忠高は工事が終わらない内に没したため、工事を引き継いだ次の藩主松平直政《なおまさ》のときに完成している。今でも、この築堤部分を忠高の官名にちなんで「若狭土手《わかさどて》」と呼んでいる。

川の最上流部は出雲奥部で、かつては日本海へ直接流れ込んでいたが、宍道湖へ流れを変えている。出雲奥部では、たたら製鉄（次節参照）が盛んな地域で、砂鉄採取に伴って大量の土砂が流された。そのため、斐伊川下流部では周囲の平地より川底が高い天《てん》井川《じょうがわ》となっている。出雲奥部からの水と土砂が宍道湖へ流れ込むので、松江では洪水が度々起こっていた。

斐伊川の改修　斐伊川の治水工事は、明和七年八月に始まった。大河（斐伊川）の中島（中州か）一〇〇か所、大河下の碇島《いかりじま》（中州か）一郷と大橋下流部分の新田で、水の流れに差し障りのあるところすべてを取り除いた。また、神門《かんど》郡石塚（出雲市大津町）から楯縫《たてぬい》郡平田村灘分《なだぶん》（出雲市灘分町）まで約二里あまりの所に幅三間の土手を築いた。安永二年（一七七三）の秋まで三年間で、一〇〇万人におよぶ夫役《ぶやく》を用いた。一人一日、平均一〇〇余銭で総計一〇〇万余銭（一、〇〇〇貫＝二五〇両⑸）を使用したという。当時、この事業に反対する者もあった。しかし、郷保は「年来の困難は大河の水のはけ口が悪く、洪水がしきりに起こり、民の憂《うれい》となっていた。しかし、川普請の手当がなく、長い年月を経てしまった。私が新政の始めに、莫大な費用も顧《かえり》みず、まず第一にこの害を取り除くことは、全くこの困難を

若狭土手（出雲市武志町）
右側に見える川床は周囲より高い天井川である

一掃するにある。立派《たては》の最初に、藩札を一時的に廃止したので、農民はにわかに融通に窮したこともあり、ここで川普請を起こし、一つは水田の増加をはかり、一つは工賃を得させて家族を養う費用とさせる」と反駁《はんばく》した。河川工事に賃金を支払っていることが、それまでの例と異なっている。

佐陀川の開鑿　出雲地方は、安永七年六～七月、天明二年（一七八二）五～六月、同三年八月、同四年六月と相次いで洪水に襲われた。同三年の洪水では、三の丸も浸水し治郷は避難した。この経験によって治郷は、長年反故《ほご》にされてきた清原太兵衛《きよはらたへえ》の佐陀川開《かい》鑿《さく》案実施の決断をしたようである。家老三谷権太夫長逵《みたにごんだゆうながみち》は、斐伊川の三歩一《さんぶいち》（出雲市斐《ひ》川町《かわ》三分市《さんぶいち》）の川違《かわたが》いを行うとともに、斐伊川から流れ込む宍道湖の水を北の日本海へ直接流し、出雲郡ほかの沃野《よくや》・良田を救い、松江城下の水害を防ごうとした。

佐陀川《さだがわ》が掘られた一帯は、もともと低湿地帯であった。東の講武《こうぶ》方面を発した多久川《たくがわ》（講武川）が南に折れ、西からの沓川と合流し、佐太神社の東部を流れ浜佐田の潟之内《かたのうち》に注ぎ込んでいた。潟之内は宍道湖に通じていた。

松江開府以来、佐陀川開鑿の計画は何度かあったようだが、成功に導いたのは、清原太兵衛であった。太兵衛は法吉《ほっき》（松江市法吉町）の農家生まれで、二歳のときに父親を失い、母親の手で育てられた。愛児の教育に心を傾け、常に社寺に詣で出世を祈り、しばしば松江城下に連れて行き城郭の雄大さを示して、子の向上心を奮起させるよう努めたと伝わる。太兵衛の立志は、実にこの母親の力によるところが大である。太兵衛、一五歳のとき藩士青沼六左衛門《あおぬまろくざえもん》に奉公した。

清原太兵衛像

土木と水利に明るいのを長逵に見出され、寛保二年（一七四二）松江藩に仕えるようになった。御小人《おこびと》から次第に昇進して御徒《おかち》本格に進み普請方吟味役を兼ね、ついに士列に列せられた。太兵衛が事業に着手したのは、天明五年（一七八五）三月、七四歳のときであった。

太兵衛の工事は、三年間の計画で始められた。潟之内が宍道湖に繋《つな》がるあたりを拡張したり、多久川を堰《せ》き止めたり、二本の川を繋いだり、新たな川を掘ったりの難事業であった。日夜寝食を忘れて工事にあたって、予定通り、三年で完成したが、川開きの式典を目前にして病に倒れた。七六歳であった。

佐陀川開通後、潟之内の堤防の両側に田地ができ、新しい川は船の航路となって便利になった。もちろん、松江城下の水害は減った。

（1）各郡毎に一人（神門郡は二人）に対し交付して、下郡に任じた。

（2）徒《かち》以下の格式の一つである小算用と同等とした。

（3）売却地の売主への返還・債権債務の破棄など。永仁五年（一二九七）に鎌倉幕府が御家人所領の回復をはかった永仁の徳政令が最も有名。

（4）寛政の改革で、旗本・御家人層に対する札差《ふださし》の債権を破棄または軽減するため、江戸幕府が出した法令。

（5）貨幣の単位で、江戸時代初め頃は、一両＝四貫であったが、その後変動している。［一分（金・銀）＝一貫＝一、〇〇〇文（匁）］

コラム

加賀の築堤と北前船

治郷の時代、清原太兵衛によって宍道湖と日本海の間に開鑿《かいさく》された佐陀《さだ》川は、重要なシーレーンとなった。島根半島東端の美保関（松江市美保関町）と西端の宇龍《うりゅう》（出雲市大社町）は、物資や水の補給とか北前船《きたまえぶね》の風待《かざまち》港として栄えてきた。この二港の中間に当る加賀湊《かかのみなと》（松江市島根町）も、佐陀川開鑿に伴い重要な港として発展した。（89頁の図）

ところが、加賀湊は日本海からの荒波に弱いという欠点があったので、桂《かつら》島と櫛《くし》島の間に防波堤が築かれた。旧家に残っていた、着工二年前の天明八年（一七八八）の工事見積書によると、堤防は一八〇間（約三二四m）、底幅一五間（約二七m）、上幅五間（約九m）、海底からの高さ平均一丈二尺（約三・六m）、総面積千六百坪（約五二〇〇㎡）の規模のものであった。また、工事に必要な伝馬船《てんません》が一坪（約三・三㎡）につき平均約二一艘《そう》で延《の》べ約三万千六百艘、石を突き固める作業員八千

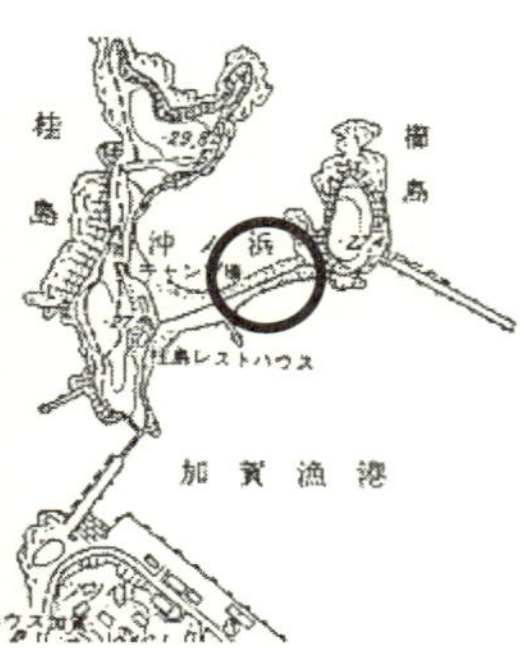

防波堤の位置（〇部分）

人、沖への捨て石作業員三千人、石積船が十艘で延べ百艘であったことが分かる。

寛政二年（一七九〇）六月一〇日、奉行をはじめ八二人の藩役人や担当者が加賀に集まり、女子供を含む村中総動員の大工事が始まったという。工事着工後の六月一八日には、家老の三谷権太夫と朝日恒重（千助）がほぼ完成した状況を検分している。完成は二七日で通算一八日の超スピード工事であった。この工事期間については速すぎるとの異論もあるようだが、**文献39**では「堤防の高さはほぼ海面と同じぐらいのレベル」と推定している。となると、その後少しずつ嵩上げ工事をして現在の高さになったことになる。

佐陀川ができ桂島と櫛島間に堤防ができると、加賀湊に出入りする船は飛躍的に増加した。廻船《かいせん》業者の繁栄の様子が、航海許可を得るための「船往来

櫛島から見た防波堤

願」などからうかがえる。加賀の福田屋定五郎は、寛政二年三七歳のとき三〇石積（四・五t）の中古船で廻船業を始め、三年後には七五石積の船を入手、文化元年（一八〇四）五一歳のとき米二五〇俵を積める百石積（一五t）の新船持ちになり、文化一一年六二歳のとき村の庄屋になった。

寛政から明治の終わり頃までの一二〇年間に、加賀では船持ちの家が二八軒（三七軒とも）、船の数は三四〜三五隻になったという。彼らは、備後《びんご》国尾道《おのみち》（広島県尾道市）への廻米《かいまい》など藩の物資を輸送した。この外に、「仕切状」などの文書によれば、煙草《たばこ》を越後《えちご》国新潟《にいがた》へ、黒砂糖を大坂から松江へ、昆布《こんぶ》三〇掛《かけ》（三・四t）を長門《ながと》国下関《しものせき》（山口県下関市）へ、鋼《はがね》一三〇束（四八・六t）を大坂へ、粒綿《つぶわた》（布団に詰める綿か）一八貫目（六七・三kg）を陸奥《むつ》国津軽《つがる》（青森県）へ、生蝋《きろう》百丸《まる》（五・四t）を大坂へ、塩五〇〇俵を大坂へ運んだ他各港へ航行している。加賀湊では、瀬戸内海や北海道から九州にかけての日本海側を航行した北前船（加賀では、おこんの船といった）が目につく。松江藩の産業発展とか財政健全化が進むのに伴い、活気あふれる港になった。今でも、堤防に沿った浅瀬に新旧のもやい石が残る。

加賀神社（松江市島根町）に奉納された明治七年（一八七四）の「船絵馬《ふなえま》」に、五隻の帆船《はんせん》が描かれている。四〜五人乗りの二百〜二五〇石積（三〇〜四〇ｔ）相当の大きな船である。絵馬自体が、縦一ｍ、幅一・七六ｍの大きなもので、船の名前と奉納者の名前も記されている。船乗りの剛毅さや羽振りのよさと篤い信仰心が伝わってくる。

「船絵馬」（加賀神社蔵）
左下に船の名前と人名が書かれている

江戸時代終わり頃の様子を推定した「加賀の船宿分布略図」（**文献10**）には、町並が海岸線に沿って東西に並んでいる。中央に御番所《ごばんじょ》があり、船宿《ふなやど》（船問屋《ふなどんや》）三二軒（三六軒とも）、そば屋二軒、どんぶり屋（ふろ屋）四軒、船員相手の遊女がいた付け船宿二軒があった。港町はかなり賑わっていたようだ。

しかし、汽船と汽車の発達とともに加賀の町もさびれてしまい、今はかつての賑わいを想い起こすことも困難になった。

天明の大飢饉と財政健全化へ

天明の大飢饉　天明の大飢饉は、天明年間（一七八一～八九）に連続して発生した飢饉のことで、奥州を中心に全国に及んだ。

松江藩内でも、天候不順で洪水をはじめとする被害が続き、年貢の収入が激減した。米価が暴騰《ぼうとう》し、天明三年（一七八三）秋の米一俵が四貫三〇〇匁となり、乞食が激増した。藩は、酒造を禁止し、酒蔵諸道具の封印を命令した。『松江市誌』には「瀧川御用留」の形で、同四年閏正月、「麦が熟すまでを見積もって四月中に飢扶持《きふち》を渡すので貧賤者に受けさせなさい。また、時節柄、普請作事等もなくなれば、貧賤者は働くところがなく益々困難になる。普請等を行いたいと思う者は、大小に限らず遠慮なく取り掛かるようにしなさい。そうなれば、貧民も働くことができて、救いになる」とある。同六年も不作で、翌七年正月、藩邸の禮日に出席する藩士に対し、「元日一日ばかりは熨斗《のし》目《め》裃《かみしも》着用、二日より平服上下《かみしも》」と命じた。この年、一〇郡に殿《しま》り合せの下知《げち》書が発せられた。翌八年正月、年始回礼には、近い親戚以外は回らないよう、執政《しっせい》同士の間で申し合わせたほどであった。

明和六年（一七六九）、幕府は公私領で、百姓が徒党を組み強訴《ごうそ》することを禁止していた。しかし、この凶作の結果、飯石郡三刀屋《みとや》（雲南市三刀屋町）と神門《かんど》郡今市・大津で一揆《いっき》が起こった。三刀屋の一揆は、下郡市兵衛宅へ押し寄せ居宅と諸道具を壊した。神門郡の一揆は、森広幾太が出府して、救済を訴え、間もなく鎮圧された。多くの入牢者や追放人を出した。

幕府は、この惨状に対して、一〇年賦の資金を諸侯に貸与したが、松江藩は利用しないで済んだようである。廩倉《りんそう》を開いて民を助けたと伝えている。

財政の健全化　松江藩の会計状況は、「出入捷乱」に、大坂の蔵元からの借金を返済するまでを克明に記録してある。大変複雑な記録で分かりにくいが、安澤秀一氏が解析している。以下、『松江藩の財政危機を救え』（**文献37**）を参考に述べよう。

グラフの上部に位置する破線は、田畠にかかる租税等を両《りょう》（貨幣の単位）に換算した収入の合計である。実線は、人件費・役所の経費・江戸屋敷や参勤交代・その他の行政費の支出合計を示す。この収入と支出を現代の言葉になおせば、一般会計ということになろうか。支出が収入を上回る赤字の年もあるが、黒字の年もあり、バランスのとれた会計といえよう。郷保が、「入るを図って出るを制す」を守った結果であろう。天明年間までは、年貢増徴策《ぞうちょうさく》や米価高騰の影響で収入は緩やかな右肩上がりである。しかし、寛政中期から文化・文政にかけて次第に低下している。この時期は豊作が続き、三八万俵の年貢収入が四〇年近く続いている。全国的に豊作で米価が下落し、両への換算率が低くなった影響と読み取れよう。「米価安《やす》の諸色高《しょしきだか》」が幕府や諸藩の財務担当者を苦しめていた。文政後期から天保年間にかけての乱高下《らんこうげ》は、天保の大飢饉のため、年貢収入が減っているが、米価が高く換算率が高くなった結果と思われる。

下の方の点線は、藩主とその家族および使用人を含めた「奥向費用」である。年貢収入の七〜八%で、阿波徳島《あわとくしま》藩や備後福山《びんごふくやま》藩の例と比較しても、それほど大きな金額ではないという。藩主の小遣いにあたる茶道具代金等は、ここから支払われている。

中段で、右肩上がりに推移している幅広の線は、「御金蔵御有金《ごきんぞうおんありがね》」という特別会計「御蔵会計《おくら》」である。「木実方《きのみかた》」・「人参方《にんじん》」・「窯甑方《ふそう》」など藩営産業が、専売制によって得た収入や、町方で盛んになった製造・運輸・流通・金融・交通などに課した「運上《うんじょう》金《きん》」・「冥加金《みょうが》」が御蔵会計にあてられたのであろう。「御金蔵残《ごきんぞうざん》」とも書くので、終始残高ともとれるが、「出入捷覧」の解析をした安澤秀一氏は「不時の支出に備えて蓄積され、藩財政を円滑にするための準備金の性格を持っている」と説明している。グラフ

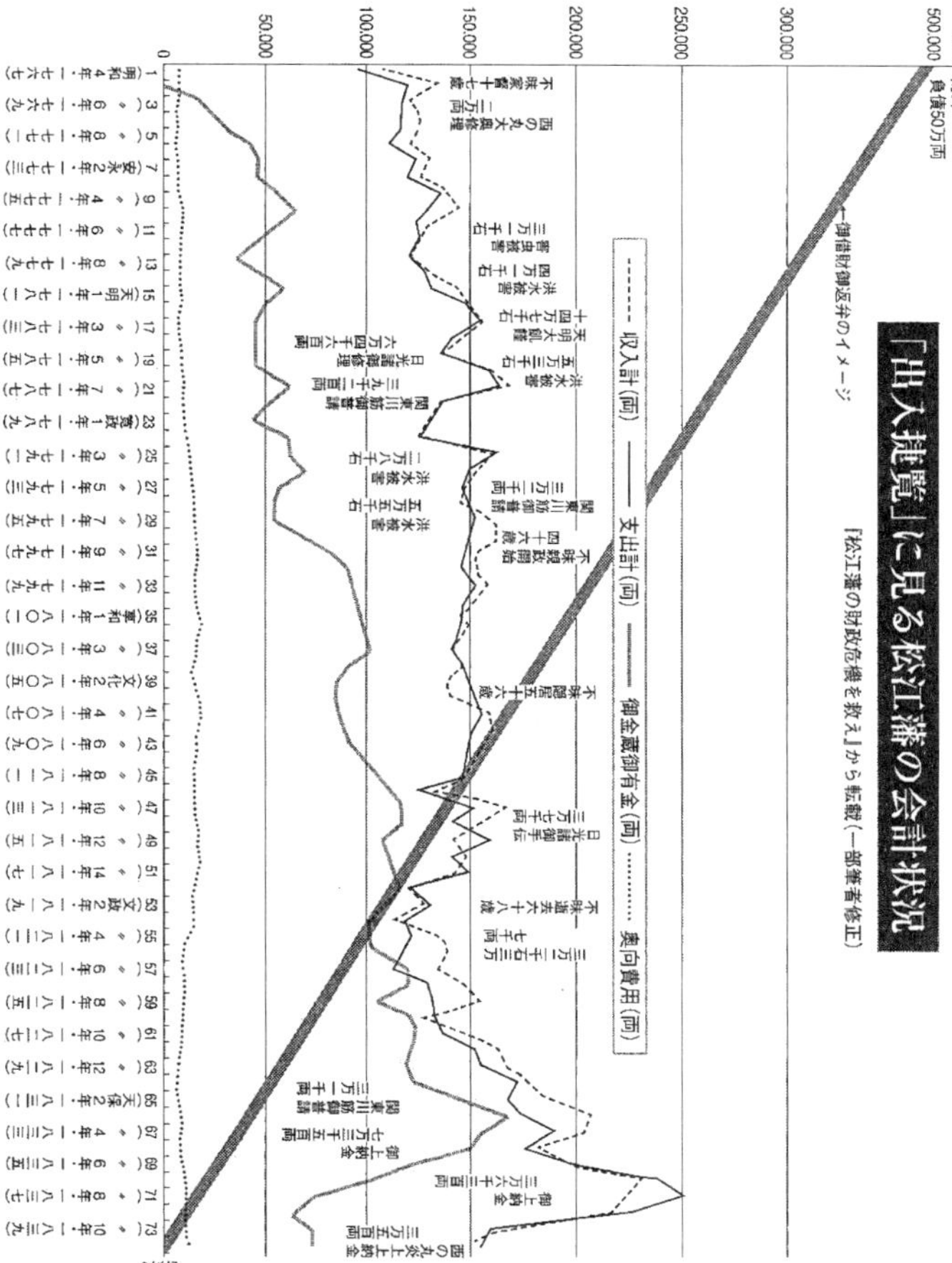

「出入捷覧」に見る松江藩の会計状況

「松江藩の財政危機を救え」から転載（一部著者修正）

の「公役」を見ると、「日光諸堂修理六万四千六百両」（天明年間）、「関東川筋御普請三万九千二百両」（天明年間）など巨額の負担があるが、一般会計からは全額が支払われていないので、御金蔵会計から支出したものと思われる。

左上から右に向かって下がる幅広の直線は、御借財御返弁のイメージである。「出入捷覧」の最後のページに「御借財御返弁高　明和四亥所務より天保所務迄　〆　金四拾九万弐千九拾五両」と書かれた小さい札が貼られている。長い年月をかけて借金を完済した喜びのようなものが伝わってくる。

仙台藩士の岡鹿門《おかろくもん》(6)が出雲を旅したときのことを書いた『在臆話記《ざいおくわき》』に興味深いことが書かれている。「平田に来ると、人家が密集して賑わっている。出雲では、いたるところの村里が繁盛している。他の国と大変違う」とある。平田（出雲市平田町）は、直江《なおえ》（出雲市斐川町直江）・今市と共に、木綿市が開かれ、すでに明和七年には開設されていた。木綿は藩に利益をもたらす「国益《こくえき》」として、厳正な品質管理と流通規制が行われていた。鹿門はさらに、「松江湖水（宍道湖）の周囲に油桐を植え、実を採って蝋《ろう》燭《そく》を製造している。高燥地には人参を植えている。人参は中国（清）貿易の品で、藩の役人が管理し、殖産に力を入れ、雲藩をとませている」、「長崎の人参貿易は、商人が扱っていたが、今は藩の役人が行っている。世間が夢にも知らぬ大金を中国（清）から稼いでいる。今、列藩の利益をみるに松江藩が第一である」とも書いている。現在の島根県や松江市の財政では想像もつかないことである。

御手船を作る　これまでの主な産物は米穀で、国中の産米は約三十万俵（四斗俵(7)）とすると、一二〇、〇〇〇石）あった。市場に運ぶ米を登《のぼ》せ米《まい》または廻米《かいまい》と称し、大坂および備後《びんご》国福山《ふくやま》（広島県福山市）の市場に運んでいた。郷保の時に毎年の登せ米を七万俵（二八、〇〇〇石）と定め、大坂に運び代銀を得、これを江戸藩邸の経費と債務の償還にあてた。

寛政元年（一七八九）に、御手船《おてせん》として中徳丸、同五年に住吉丸（三二〇〇石）を作った。木実方の事業が盛んになったころ、木実方と深い関係があった白潟魚町《しらかたうおまち》（松江市白潟町）の肥後屋喜右衛門《ひごやきえもん》は、享和元年（一八〇一）三月に千壽丸と永安丸をつくった。また、同年一一月、御勝手方《おかってがた》御米捌《さばき》御用を仰せ付って御手船も取り扱うことになった。自ら、召寶丸（九〇〇〇石）、大寶丸（千三〇〇〇石）、環境丸（千四五〇〇石）、寶永丸（千六〇〇〇石）を作り、御用を勤めたという。

冬季は海が荒れるので、御手船の航行は毎年八月限りとした。住吉丸は、馬潟《まかた》港（松江市馬潟町）を出港したが途中で座礁し、破船した。こういう事故も起こったのである。

（6）昌平坂学問所で学んだ幕末から明治にかけての学者。
（7）松江藩の年貢ついて、『雲藩職制』（一九二九）に、四斗俵とある。

第五節　治郷の親政と旅

寛政二年（一七九〇）五月、作事方破損奉行寺社修復方の近藤庄蔵《こんどうしょうぞう》が国内一〇郡を巡視し、その所見を家老三谷権太夫長逵《みたにごんだゆうながみち》に報告した。これは、「御立派政治」の初年から二四年経過した時点のもので、御立派政治の成功を認めているが、全体に暮らし向きが贅沢《ぜいたく》になっていることを問題にしている。「資質の優れた治郷公が親政に乗り出し引き締めを図るべきだ」と治郷への苦言を呈する意図で、長逵へ極秘に出したものである。この報告は、天明の大飢饉の直後であるのに、贅沢な生活振りが目立ち、厳しい評価を松江藩にしたと思われる。

寛政八年、治郷は直捌《じきさばき》することを明らかにし、親政を始めた。近藤庄蔵の報告にもあったように、一般の暮らし向きが贅沢になるなど、御立派政治の崩れが懸念されるようになったためと思われる。

まず自らの膳部を節約し、奥向きの諸費を減らし、勤勉であることに努めた。七月九日、三谷長逵の家老職を免じ、三〇〇石を加増してねぎらった。二八日には、手書で主だった者に対し、国のために心を一つに協力して、倹約に努めることを奨励した。翌日には、執政以下を対面所に集め、治郷の手書を読み聞かせた。儒臣桃源蔵《ももげんぞう》（白鹿《はくろく》）の『公私要録』によると、「今回の倹約令は、公役のためでなく、また凶年のせいでなく、ただ郷保の始めた立派の政治が崩れようとしているのを恐れ、治郷公自ら十万石の諸侯に等しい財政に甘んじようという方針であった」という。また朝日恒重（千助）[1]の『秘書』[2]には「長逵の政策が思わしくなくなってきたので、まず彼を罷免《ひめん》し、国政

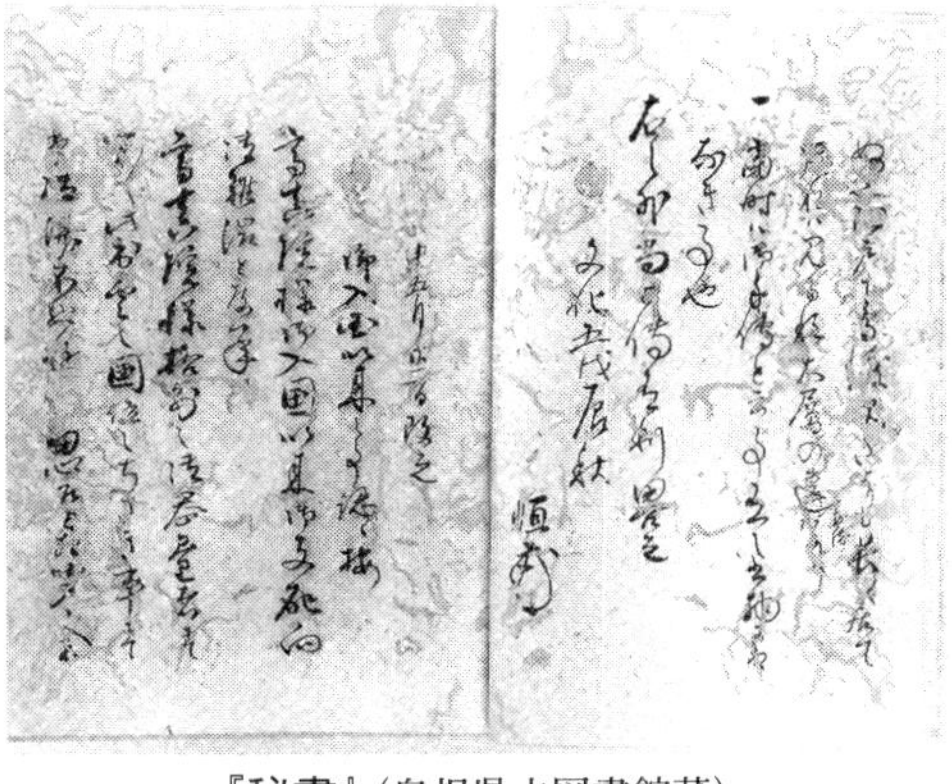

『秘書』（島根県立図書館蔵）

を刷新しようとしたことは、非常に英断であった」と記している。

治郷の政治は、質素倹約の緊急経済を唱え、人心を委縮させせた松平定信の政治（寛政の改革）よりも、民間の活力を利用して産業振興をはかる政策をとった田沼意次《たぬまおきつぐ》に近い。「白河の清きに魚の住みかねて昔の田沼いまぞ恋しき」と狂歌にもうたわれた定信。彼の失脚を待って親政に乗り出したとも考えられる。

なお、恒重は、治郷から相手役を命じられたときのことを、次世代の家老塩見小兵衛《しおみこへえ》にあてた文化一二年（一八一五）の手紙に次のように書いている。「御立派の名前はあるが、実がなくなった政治を改革するため、拙者に相手せよとの命令を受けたが自信がなく断ったら、殿様はたいそう不機嫌になられた。それから説得を受け、父の郷保が始めたようにするとの堅いご決意を聞き、自分は父を支えて働いたことで良く承知しているので、御立派に似たことはできる見込みがあると思いお受けし、新体制をつくりあげることにした」

治郷の親政は、文化三年（一八〇六）三月の隠居にいたるまでのおよそ一〇年間であった。以下、その間の主な治世や行動などを採り上げよう。

日本列島をとりまく情勢と対応

寛政の初め、ロシア船が北辺に来航したので、寛政三年（一七九一）、幕府は異国船《いこくせん》取扱令《とりあつかいれい》を出した。内容は、異国船が日本海岸に来航した際には、船体・船員を抑留し、幕府の指示を仰ぐよう命じたものであった。その後、寛政四年（一七九二）九月、ロシア使節アダム・ラクスマンが漂流民大黒屋光太夫《だいこくやこうだゆう》を送って根室に来航し、通商を要求した。翌年三月、幕府は諸大名に異国船取扱・海岸防備令を出した。同八年、イギリス人ブロートンが海図製作のため、室蘭に来航した。

少し遡るが、同元年四月九日、幕府の巡見使《じゅんけんし》が来た。柳田四郎兵衛が迎えて隠岐（隠岐は預かり地）に向かった。ロシア船が近海を窺うので、その対策検討の視察であったと思われる。

松江藩も本格的な防衛体制を整える必要性にせまられていた。

唐船番隊の創設　治郷は、松江藩が日本海に面し、隠岐の国を預かっているので、同五年から、毎年、二の丸にて国防の実地演習を行うようにした。

同年二月、唐船番《とうせんばん》を沿岸に配置したことが「唐船御手当配船帳」（日御碕《ひのみさき》文書）から分かる。同一一年には、群臣に資金を給し、兵器の充実・修理に努めた。唐船とは、異国船のことで、中国・朝鮮・オランダを除く外国船をさす。

配備の様子は、物見役・使番《つかいばん》に本役二人、雇い三人を置いた。これには、軍学の素養のある者を選んで配置した。海辺・台場《だいば》・砲術方には合計七二人を配置した。唐船番の一番手に七七人、二番手に一三二人と、その配下を合わせた総勢六七〇人が、一番手、二番手の配属となった。一番手に儒者一人、祐筆一人が含まれているのが興味深い。異国船が来たとき、儒者に来意を筆談させるためであった。異国船打払令《いこくせんうちはらいれい》が出される前のことで、穏やかな対応策がとら

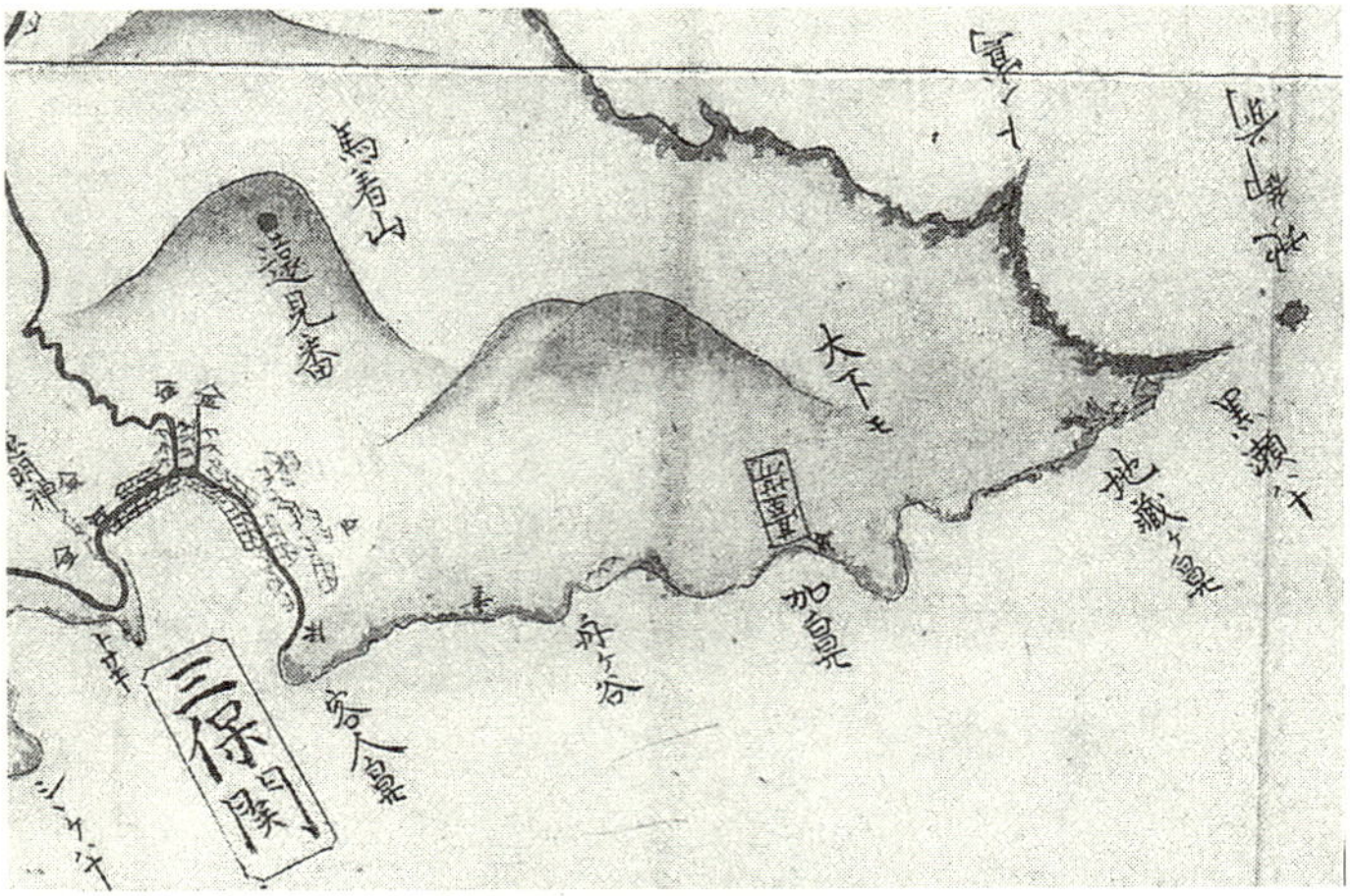

美保関の遠見番所（●印）出雲国海防図（部分）（根岸タカ子氏蔵）

れていた。

海岸の展望のきく美保関《みほのせき》馬着山《ばちゃく》（松江市美保関町）・多古《たこ》浦上ヶ原（同市島根町）・十六島《うっぷるい》浦アミヤの上山（出雲市十六島町）・宇龍《うりゅう》浦（同市手結《たい》浦風見山（同市鹿島町）・大社町）・口田儀《くちたぎ》大畑山（同市多伎町）の六か所に、遠見番所《えんけんばんじょ》を設けて監視させた。もし、海上に異国船が現れたら、唐船番を招集して防備にあたらせ、一方、唐船番の下につく唐船番御手当郷夫《ごうふ》六、〇〇〇人を国内一〇郡に割り当て、必要であれば、各村の庄屋はこれを率いて出府し、命令を待つこととした。また、市内の酒屋で兵粮米《ひょうろうまい》の炊き出しをさせるなど、いろいろな準備を整えさせた。

隠岐国の警備　島役・台場・砲術方六人他総勢二三〇人を島後《どうご》・島前《どうぜん》両方に配置した。以上を初手とし、次に重手《かさねて》として頭《かしら》一人他総勢一六二人を、これも島後・島前両方に配置した。さらに、島後には、中老頭一人・中老一人他総勢四五人を配置した。この中には、医師二人も含まれている。僻遠の地であるため、医師の絶対数が少なかったのだろうか。隠岐全体に八二九人を配置していた。

唐船番の予行演習　寛政五年一〇月二九日、松江城内で唐船番の予行演習が行われた。桃源蔵《ももげんぞう》の『公私要録』に「…行列人員の整うのを待って、一番拍子木《ひょうしぎ》で武器を受け取り…略…二番拍子木で号令の下に行進し、…略…三番拍子木で…」とある。

旗揃　治郷は、時代の趨勢《すうせい》をみて、兵制を定めた。若いときから、軍学を学び、諸流ある中から越後流《えちごりゅう》（3）の奥義《おうぎ》を研究し、本多随翁景亮師と問答するにいたった。松江では、軍学所大亨館《だいきょうかん》を母衣《ほろ》町普門院《ふもんいん》町（松江市母衣町）の米子橋西詰に開設し、藩士が昇進して組士《くみし》から組外《くみはずれ》になるとき、ここで軍学を学ばせることにした。

治郷が、越後流を採用してから、藩士を一の先・二の見・旗本・遊軍の四隊に分け、別に小荷駄隊を設けた。

治郷筆陣旗　旗揃のとき用いた
「法身無相　法眼無瑕」とある
（松江神社蔵）

治郷が在国の年は、旗揃《はたぞろい》と称して隔年に一回は演習を行った。予告なしに実施するものであった。享和二年（一八〇二）二月一日に演習が行われた。二の丸武具《ぶぐ》方で鐘《かね》を打ち、城下では貝《かい》鼓《つづみ》を鳴らし、陣旗の下《もと》に藩士を集合させた。藩士は甲冑をまとい、実戦さながらであった。一の先の備えを本丸で演習させ、治郷は、総大将として、床几に腰かけて閲兵《えっぺい》した。二の丸上段の旗殿《はたでん》を仰いでの拝禮のようすは、後の陸軍連隊長の連隊旗拝礼に似ていたという。旗殿には、治郷が描いた紺地に金の日の丸掛物が掛けられた。また、藩祖直政が携帯した采幣螺貝《さいへいほらがい》等も飾られていた。桃源蔵の『公私要録』に、棒火矢師《ぼうびやし》として次節で述べる萩野喜内（天愚孔平《てんぐこうへい》）の名が見える。

治郷は、「用兵の妙は常に敵情を察し、時勢を考えて行うところにある。今、行っているのは、仮定の形である。兵制は決まった形のものではない。今後、今行っていることをそのまま行うことがないようにすべきである」と考えていたようである。そのための演習であったのだろう。

異国船への対応　寛永一六年（一六三九）、幕府がポルトガル人の来航を禁じ、完全な鎖国体制に突入したことはよく知られている。

鎖国から七八年経った享保二年（一七一七）四月二四日、唐船（中国・朝鮮・オランダ以外の船）が美保関（松江市美保関町）に停泊し、翌二五日に去り、その後何回か所を変えて現れるということがあった。どうも、清国の密貿易を行う抜荷船《ぬけに》であったらしい。五代藩主宣維《のぶずみ》の時代で、幕府の異国船撃退の指示によって兵を出したが、結局のところ抜荷船に翻弄《ほんろう》された形となった。

文化元年（一八〇四）、ロシア人レザノフが、長崎入港の信牌《しんぱい》（本来、中国船に与えた貿易許可証であるが、ラクスマンが来航した時に与えられていた）を携《たずさ》えて、通商交渉のため長崎に来航した。しかし、幕府はレザノフを長崎の町外れに軟禁し、半年後、通商拒否を通達した。幕府の対応に憤激したレザノフは、報復《ほうふく》として蝦夷地《えぞち》周辺を攻撃するという事件があった。

文化六年には、隠岐近海に異国船出没の報告があり、松江藩は兵を派遣して二年駐留した。藩の軍用方奉行や異国防禦取調《ぼうぎょとりしらべ》役を勤めた雨森清遊《あめのもりきよゆき》が海防の情報を得るため入手したと思われるレザノフ一行やイギリス船を描いた図が残されている。

文化七年一〇月二八日、口田儀《くちたぎ》（出雲市多伎町）沖に漂着《ひょうちゃく》船があった。下古志《しもこし》村（出雲市古志町）の庄屋高見長行《たかみひさゆき》が書き残した『朝鮮人見聞書』に、沖合から救助を求めて三人が飛

ロシア人レザノフ一行図（旧雨森家蔵）
（松江歴史館蔵）

込んだが一人溺死した。一〇人乗っていたが船には破損がなかったとある。朝鮮人は漂流民であっても、死者は棺に入れ塩漬けにして祖国に連れ帰るのが通例であった。しかし、対馬藩で記された朝鮮への手紙の写しである「両国往復書謄《りょうごくおうふくしょとう》」(宗家文書《そうけもんじょ》)に、死体は収容できなかったとある。

　残りの九人が帰国のため対馬に到着したのは翌年九月二一日であった。この間、長行は収容された九人と筆談を試みた。この漂流民たちは商人で、漢字の読める者もいて「朝鮮国慶尚道蔚山府下府内面居船主」と舟の所属先を書いた。さらに俆以文四九歳をはじめ乗組員一〇人の姓名・年齢を記した。死んだのは、鄭云三三歳だったことも分かる。筆談が可能であったので長行は積極的に聞き取りをしたとみえ、二人の人

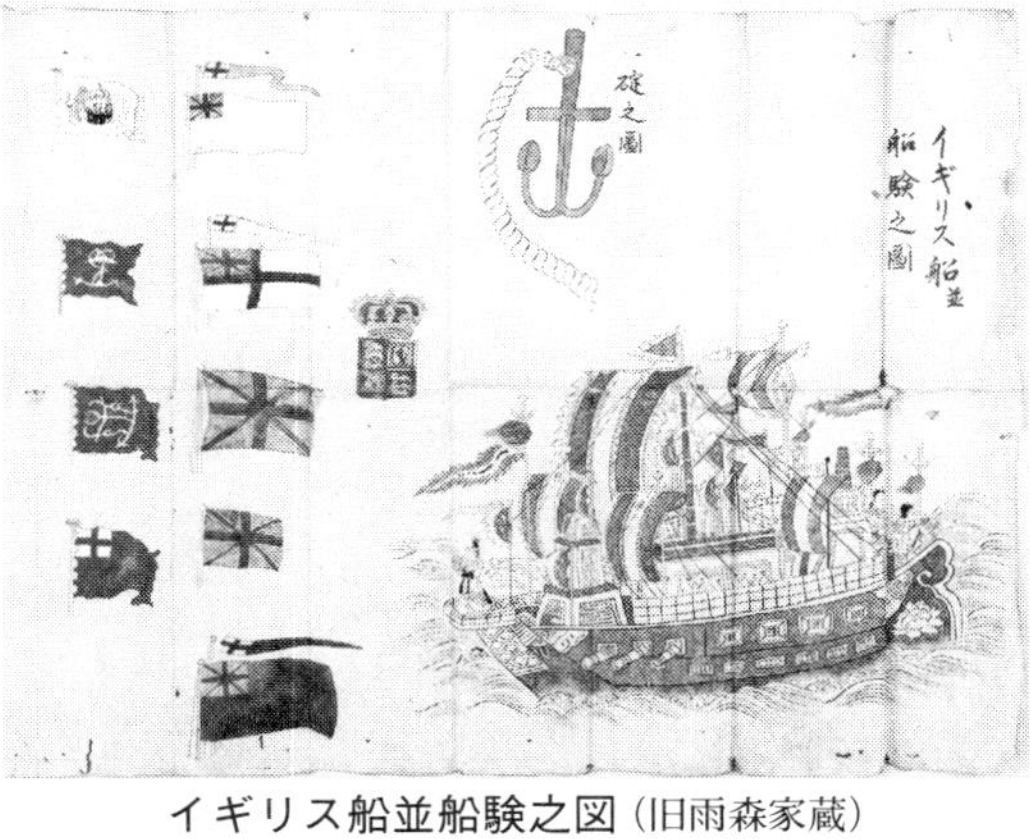

イギリス船並船験之図(旧雨森家蔵)
イギリス国旗は詳細に描かれているが、実物を見ないで描いたらしく、中国風の軍艦となっている
(松江歴史館蔵)

物を描いた絵には「この人妻子あり」「この人妻なし」などの添書があるし、人体や日常用品を記しては朝鮮語での読み方を教えてもらい、カタカナで記している。

文政二年（一八一九）九月二八日、長行の屋敷に近い差海浦《さしみうら》（出雲市湖陵町）に、五人の朝鮮人が乗った商船が漂着した。この時は、郡奉行橋本伝蔵《はしもとでんぞう》らと現地に出向き、聞き取りを行った。彼らは「船往来」を所持していた。これには、均役庁という役所が発行した全国での行商の許可と、慶尚道盈徳《えいとく》の南江津に朱《し》痲岩壱《まかんいち》が所有する船であることなどが記してあった。長行は、五人から朝鮮文字である諺文《おんもん》（ハングル）を習ったりしている。

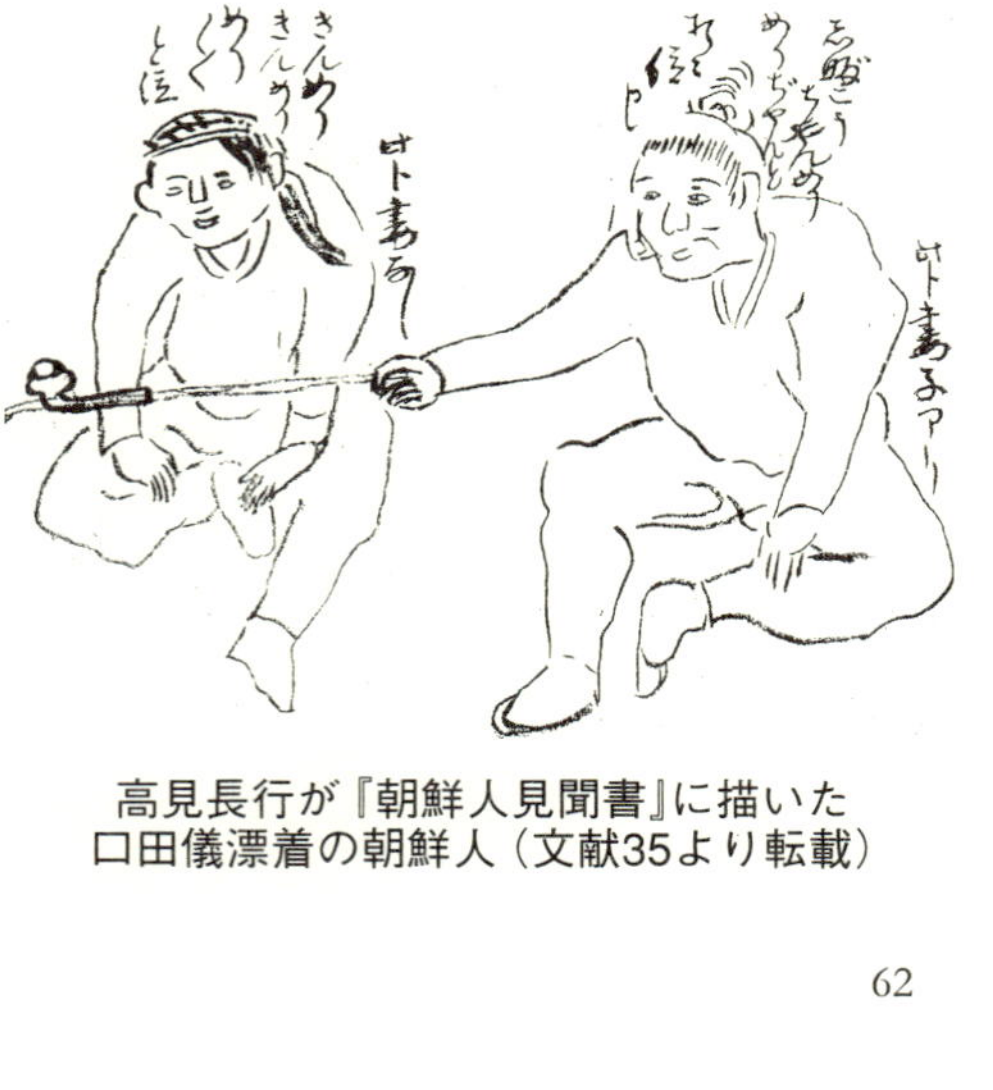

高見長行が『朝鮮人見聞書』に描いた
口田儀漂着の朝鮮人（文献35より転載）

朝鮮人漂着者の早期帰国に関して、治郷は次のように幕府に対して提案している。

「私の所領である出雲国へは折々朝鮮人の漂着があります。すぐ幕府の老中と長崎奉行所へ連絡し、老中の許可を待って陸路長崎に送っていますが、遠い国なので出発させるまでに時間がかかり、不満を持つ漂流民達が暴れそうになり関係者は困窮しています。老中と長崎奉行所に連絡と同時に長崎へ出発させ、詳細は長崎に着いてから報告することにさせてもらえませんか」（杉原隆「松江藩と朝鮮漂流民」**文献35**所収から転載）

幕府はこの提案を受け入れ、「天明四年令」と呼ばれる法令を全国に発した。天明四年（一七八四）ころから漂流民の帰国が早くなっている。

松江藩内に流れ着いた漂着民は、京橋の北東（松江市母衣町）に置かれた唐人屋敷に収容された。松江城下の絵図を見ると、天和三〜元禄五年（一六八三〜一六九二）に描かれた図に「用屋敷」とあるのが、文政八〜天保二年（一八二五〜一八三一）の図では「唐人屋敷」に変化している（**24頁**）。どうも、唐人屋敷は、宗衍《むねのぶ》の時代に桃源蔵《ももげんぞう》が松江藩の儒臣として召し抱えられた宝暦七年（一七五七）には既にあったようである（**文献41**）。前述の差海浦漂着の五人と野波浦《のなみうら》（松江市島根町）漂着の九人が、唐人屋敷と思われる一つの建物内で円陣を組んで座っている様子が描かれた「雲州漂着朝鮮人之図」がある。桃源蔵や、朝鮮通であった祐筆《ゆうひつ》の松原基《まつばらもとい》らの影響で、治郷も漂着民の扱いに深くかかわったと思われる。平成二八年（二〇一六）、唐人屋敷跡の一画で発掘調査が行われた。礎石《そせき》（柱を建てるための基礎）の下に敷かれた栗石《ぐりいし》とか井戸跡や陶磁器片などが出土した。

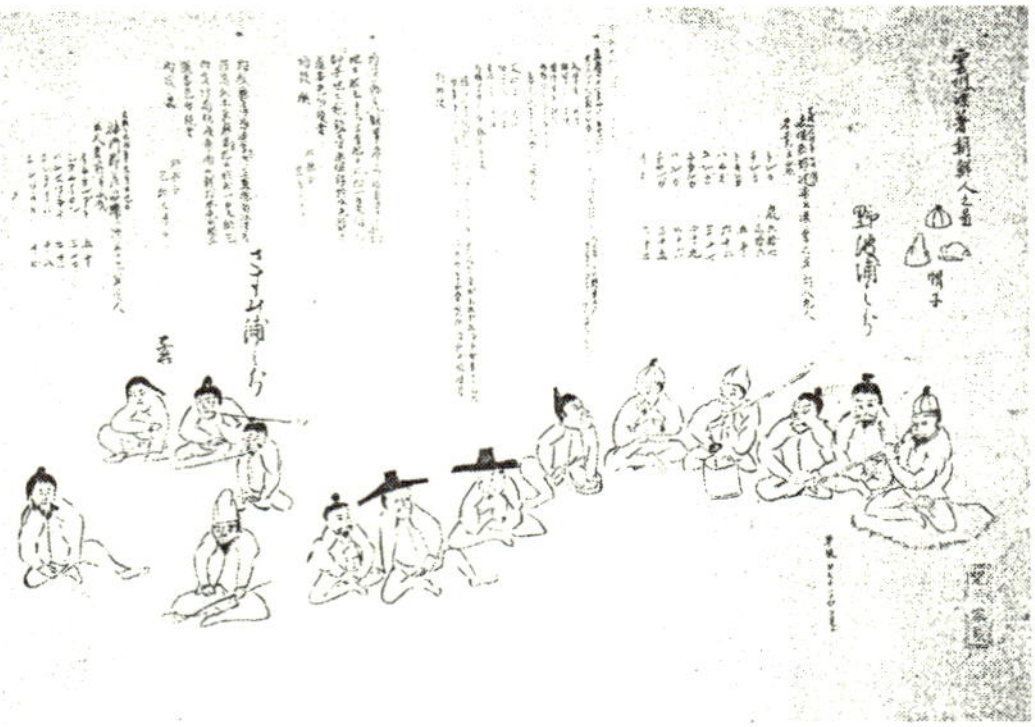

上：雲州漂着朝鮮人之図。右の９人が野波浦、左の５人が差海浦漂着者（個人蔵）
下：唐人屋敷の井戸跡

鳥取藩の記録に、漂流民の対応を対馬藩江戸屋敷に訊ねたら、「お隣りの松江藩では、門番も付けた屋敷を用意し内科、外科の医者も常駐させる等丁重な扱いだったと対馬へ帰った漂流民は言っている。」（杉原隆「松江藩と朝鮮漂流民」**文献35**所収から転載）との回答があったとある。

（1）郷保の二男で朝日家六代当主。郷保の跡を継いで、治郷の親政の補佐をした。
（2）朝日恒重が、父郷保が行った御立派改革について父から伝えられたことに自身の記憶を加えて記述したもの。
（3）上杉謙信に由来する兵術・軍学。

コラム

漂流から戻ってきた男

米屋清蔵の漂流

島根郡美保関《みほのせき》（松江市美保関町）の米屋清蔵《よねやせいぞう》は、一五か一六歳の頃、水主《かこ》（水夫）となって地元の舟で働いていたが、給金が少ないので、天明五年（一七八五）に両親を残したまま大坂へ出た。

大坂で、備前屋亀次郎という人物の船に雇われた。清蔵を含めた乗組員は一一人で、日本各地から集まってきた船乗りであった。

天明七年一一月、船は大坂を出帆し北へ向かった。清蔵は二五歳であった。下総《しもうさ》の犬吠埼《いぬぼうざき》（銚子市）沖合に達したとき、強い北風が吹き始め大荒れの天候となった。帆柱を切り倒したり、船中に入った海水を汲み出したり懸命に働いたが、船は南へ南へと漂流《ひょうりゅう》していった。漂流は五〇数日も続いた。食糧が少なくなると、刻んだ藁《わら》を米に混ぜてつくった団子で飢えをしのいだという。

天明八年一月末、絶壁に囲まれた小さな島を発見し「この島を見失えば餓死してしまう」と考えた全員はそろって上陸した。樹木のほとんどない島で、茅が生い茂り、おびただしいアホウドリが生息していた。伊豆諸島と小笠原諸島の間の無人島鳥島《とりしま》であった。

清蔵たちが上陸したとき、既に一人の漂着者がいた。彼は土佐《とさ》（高知県）の長平《ちょうへい》という人物で、天明五年に漂着したが、仲間と死別し一人で無人島暮らしをしていた。

湧水もない不毛の火山島であったが、長平と協力して、たくましく生き抜いていった。寛政二年（一七九〇）一月、日向《ひゅうが》国志布志《しぶし》浦（鹿児島県志布志市）の六人乗りの難破《なんぱ》船が島に流れ着いた。清蔵は、この船を見つけると、真っ先に海に飛び込んで救助活動をした。鳥島に暮らす漂流者は一八人となった。しかし、清蔵の仲間二人と日向の二人が病に倒れ、息を引き取った。清蔵たちは、四人の墓を建てて厚く供養した。この墓は、明治になってからの開拓者によって発見されている。

清蔵たちは、「このままでは、いずれ全員がこの島の土になる。自分たちの手で船を造り、故国をめざそう」と決意した。しかし、島には一本の木もない。流木を集めるしかなかった。六年の歳月をかけて全長六尋《ひろ》（約一〇m）の船が完成した。一四人の漂流者たちはこの船で、九人の遺骨（清蔵たちが漂着する以前に鳥島で死亡した五人の遺骨を含む）を持って鳥島を出発した。寛政九年六月のことで、清蔵は三五歳になっていた。

順調な航海を続け、青ヶ島（東京都青ヶ島村）に着いた。さらに八丈島（同八丈町）へ渡って、宗福寺で、九人の遺骨を葬り回向《えこう》した。三〜四人持ちの石塔九つをたてた。一四人は島役人の保護を受け、取り調べ後、御用船で江戸まで護送された。江戸ではかなりの評判となり、蘭方医杉田玄白《すぎたげんぱく》も日記『鷧斎日録《いさいにちろく》』の中にこの事件にふれている。清蔵の良き先輩であった長平は、土佐へ帰り余生を送った。なお、鳥島には天保一二年（一八四一）にジョン万次郎（後、中浜万次郎）らが漂着し一四三日間滞在したことが有名である。

八丈島で、鳥島から持ってきた物はすべて取り上げられたが、清蔵が島でみつけた布袋像《ほてい》（高さ二寸五六分）のみは福の神としてイッサキ（薩州でいう茅、雲州にはない）の葉で作った網袋に入れて首から下げて密《ひそか》に持ち帰った。江戸の松江藩邸の諸御殿でお目見えした。幾百姫から、この布袋像に袱紗《ふくさ》と外箱を賜った。また、治郷の命で、家珍《かちん》として他に移すことはできな

清蔵の福の神「布袋像」
（文献１より転載）

かったという。

同年一二月一八日、美保関に帰り、一三年ぶりに父母と対面することができた。

松江藩の儒臣桃西河《ももせいか》（桃源蔵の養子）は、帰郷した清蔵と父親に会い、その体験を詳しく聞いて『座臥記《ざがき》』に書いた。その後の清蔵は再び船乗り生活に戻ったらしいが、詳しいことは分からない。米屋の古い墓が美保関の仏谷寺《ぶっこくじ》にあり、清蔵の両親の命日を確認することはできたが、本人の没年は不明という。

権市の漂流

清蔵の生還から五〇年を経過した嘉永年間、同じ美保関出身の権市《ごんいち》が無人島漂流を体験している。治郷没後のことであるが、これにもふれておこう。

権市は二七歳の時、長門《ながと》（山口県）の浮亀丸《ふきまる》に水主として雇われた。嘉永三年（一八五〇）一〇月、一一人の乗組員で、房総半島東岸を北上中、清蔵と同じように、犬吠崎沖で暴風雨に遭遇し三〇数日漂流した。一一月末、浮亀丸はまたも嵐に襲われた。船は大破したが、幸い近くに島があったので全員無事にこの島に泳ぎ着いた。

一年経ったある日、ドイツの商船が近づいてきたので、救助を求めて乗せてもらった。船は、香港《ほんこん》に着き権市らを上陸させた。香港在住肥後《ひご》（熊本県）出身の漂流者原田庄蔵が親切にもてなしてくれた。その後、英国の蒸気船で寧波《ニンポー》（中国、浙江省寧波市）へ送られた。そこから川船で当時の対日貿易港乍浦《チャープー》（同省嘉興市）に送られ、長崎に一二月に帰った。

同五年九月、船頭とその親の二人が死んだので、帰り着いたのは権市ら九人であった。権市は、「遠き唐国まで漂流し、千辛万苦の中に命を存《なが》らひ、寝食を倶《とも》にせし甲斐なき不便（不憫）に、云うも余りあり」と深く悲しんだ。この親子の墓は、山口県宇部市に今もあるという。

一一人の漂流者たちは、渡り鳥の肉や卵、貝などを食べて生きながらえた。

権市は、生きるためとはいえ多くの鳥を殺したことを悔い、帰国後に「鳥への礼として、生涯鳥は食べない」と誓ったという。

同六年八月二六日、権市は松江藩主斎貴《なりたけ》（治郷の孫）の引見を受けた。帰郷後、苗字帯刀を許され森脇森之助と名乗った。明治五年（一八七二）六月に、四九歳の生涯を終えた。東京海洋大学附属図書館蔵の『雲州人漂流記』（書写年等不明）に詳しい。以上、主として小林郁「漂流民」（文献35）によって記述した。

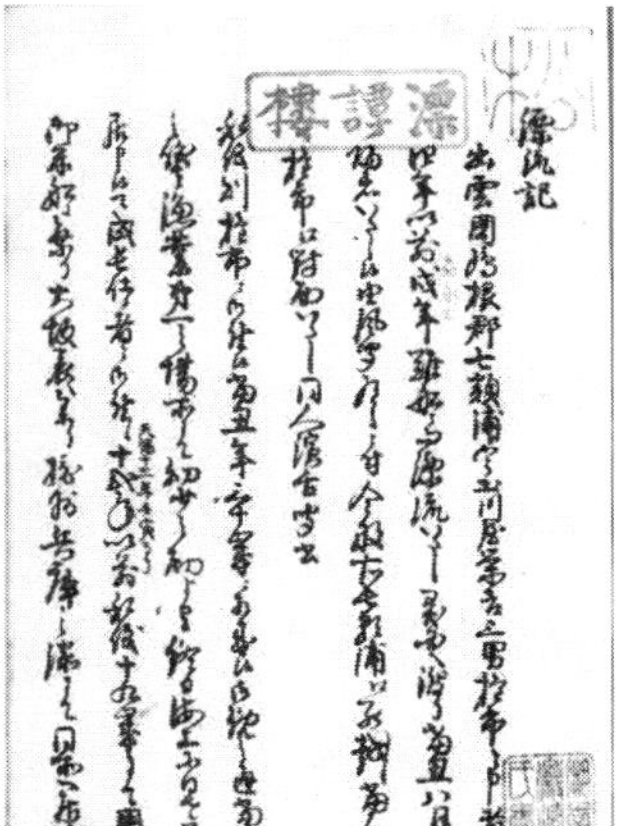

『雲州人漂流記』
（東京海洋大学附属図書館蔵）

権市の墓（美保関町常楽寺）
（文献35より転載）

産業の奨励

蝋燭の生産　いつのことかは分からないが、松江大橋架け替えのときに、美濃国の大工右衛門が瀧川伝右衛門方に泊まり、櫨《はぜ》の実から蝋《ろう》を取る方法を語った。これを聞いて、伝右衛門は藩へ注進し、櫨の実を美濃国から取り寄せたのが蝋燭《ろうそく》生産の始まりという。「郷方古今覚書」（『松平不昧伝』所収、実物は不明）によれば、元禄四年（一六九一）の頃、神門郡の山中に櫨の大木がたくさんあるのを発見したとある。また、石見《いわみ》には櫨の木が多いが、そこに近い一久保田《ひとくぼた》

上：今も堀川沿いに残る琉球櫨
下：「木の実方秘伝書」の挿絵。櫨を絞っている様子

村（出雲市佐田町一窪田）に生蝋《きろう》方役所を設け、蝋を搾《しぼ》りはじめたとの説もある。

宝永五年（一七〇八）、松江に細工所を設置し、治郷の時代になって、この事業はいよいよ盛大になってきた。治郷と親交のあった薩州候から、櫨の栽培、生蝋の製法等について伝授されたこともあり、ますます発達し、大いに国益となった。蝋燭は、明かりとしては最高級品で、役所とか寺社が消費の中心であった。

御種人参の栽培　薬用人参とか朝鮮人参といわれるが、松江藩では将軍徳川吉宗より「御種」を頂戴したことにち

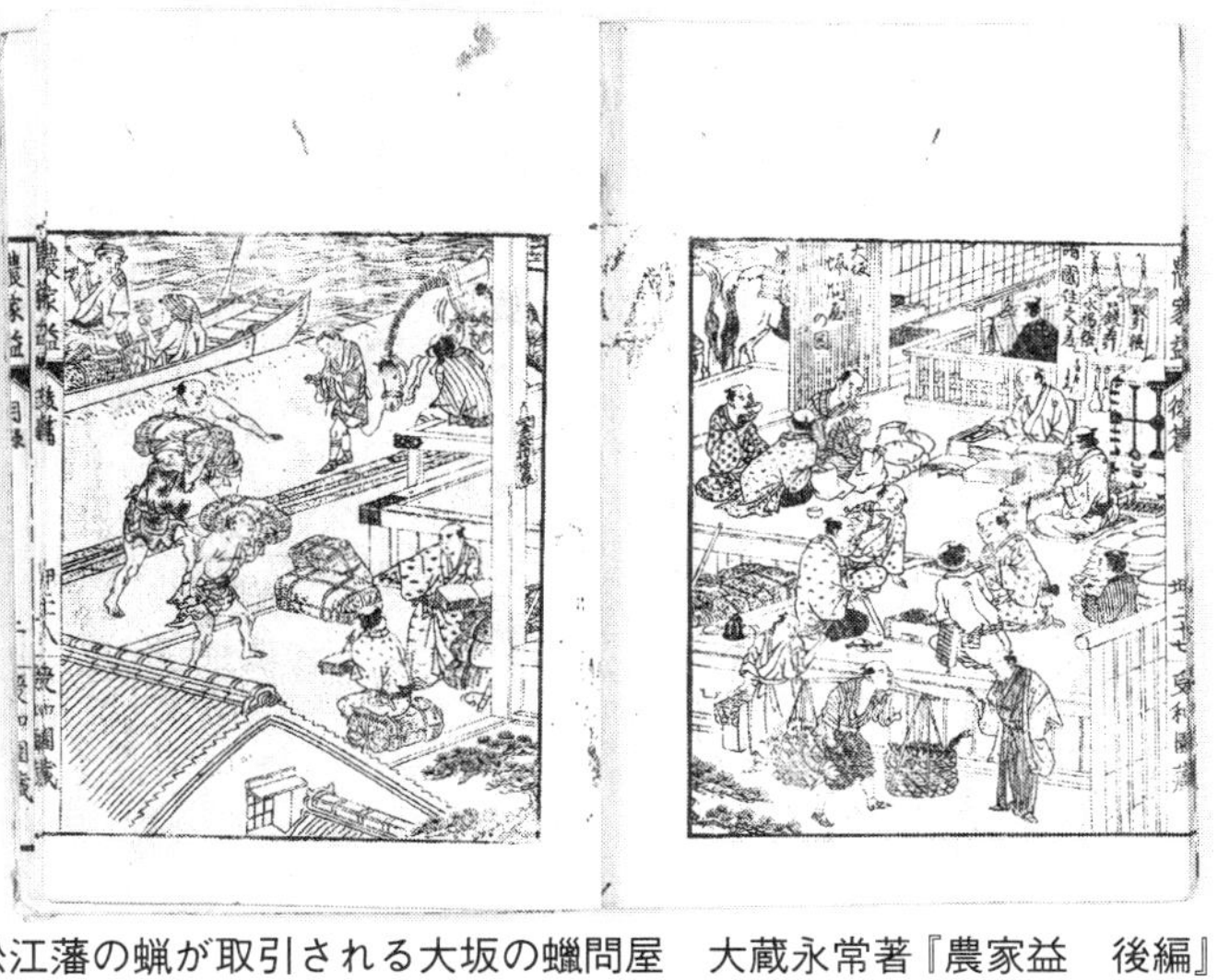

松江藩の蝋が取引される大坂の蠟問屋　大蔵永常著『農家益　後編』

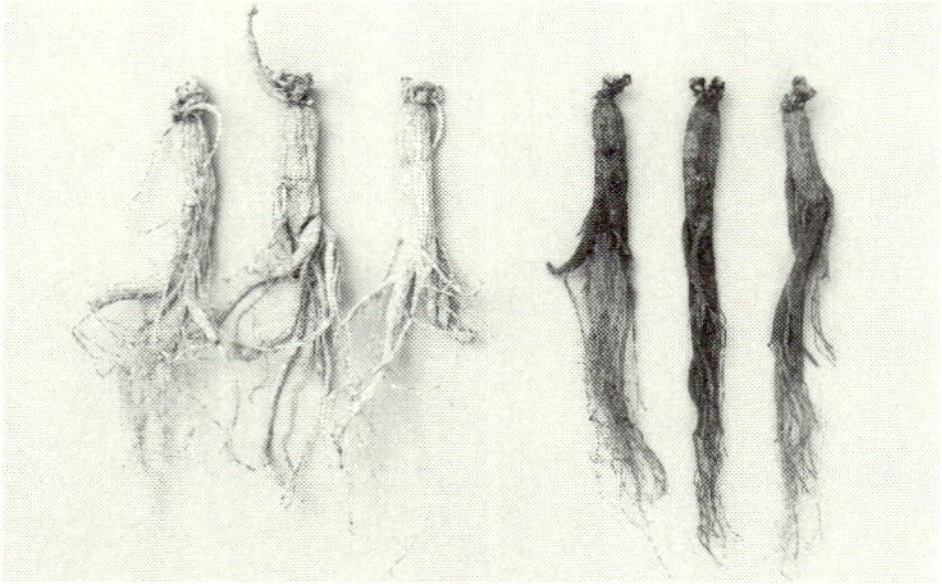

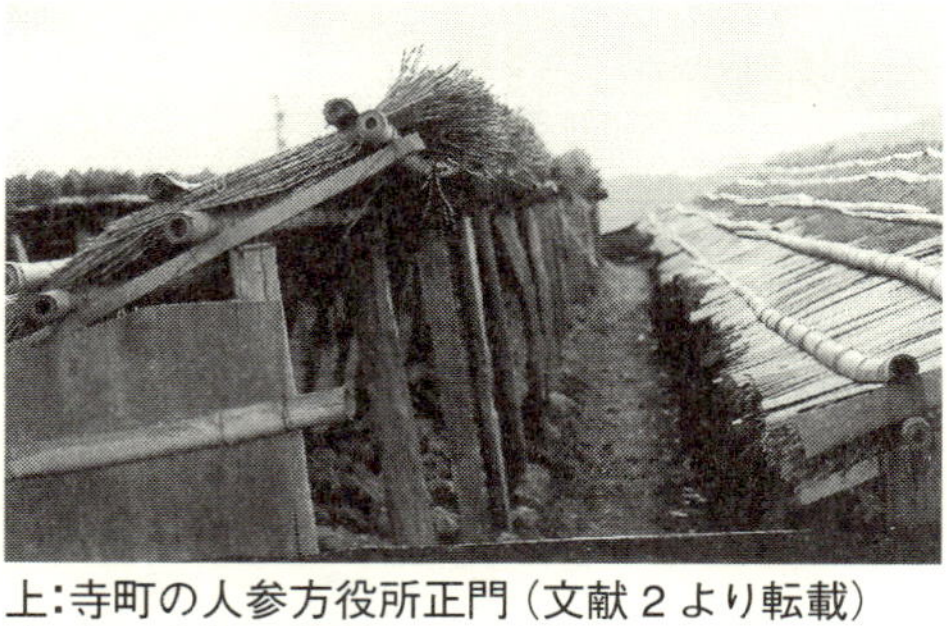

上：寺町の人参方役所正門（文献２より転載）
中：生の人参を乾燥させた白参（左）と蒸して乾燥させた紅参（右）（松江歴史館蔵）
下：大根島の人参畑。現在、人参畑の生産拠点は大根島（松江市八束町）に移されている

なんで御種人参《おたねにんじん》という。人参は幕府の専売品であった。松江藩は、宝暦一〇年（一七六〇）に江戸藩邸で初めて栽培し、出雲国内では安永二年（一七七三）に意宇郡東津田村（松江市東津田町）で栽培した。藩は、小村新蔵に人参畑御番を命じた。治郷は、側医の岡本瑞庵《ずいあん》（**119頁**）に土地の見分を命じ、約二〇年後の寛政七年（一七九五）に御目見《おめみえ》

医の高橋櫟庵《らくあん》が「御国御種人参」として完成させたという。

安永三年、藩は松江城内の「木苗方」で人参畑を起こし、ここに新蔵を転任させた。東津田村の畑は伊原甚右衛門に任せたが、格別の結果も出ず、寛政一一年に新蔵が病死したので、人参畑の事業は中断せざるを得なくなった。新蔵以外に栽培方法を知らなかったためである。藩は、これを遺憾とし、新蔵の子茂重に命じて栽培させたが、失敗に終わった。

そこで、茂重は、原産地日光に行ってその栽培方法を習得しようと、文化元年（一八〇四）、江戸に出て藩邸に入った。三月二一日、治郷は参勤のため江戸に着いた。用人横田新兵衛が従っていたので、茂重は新兵衛に自分の決心を打ち明け、添え状をもらい受けて、九月二六日、日光にある松江藩の宿坊・実教院に行き、住み込みの手伝いとなった。元来鋭敏で、多芸であるため、院主の寵愛《ちょうあい》を得た。開坊年忌の際、茂重は庭の老松に手入れをして院主に誉められた。「お前の望むものは何でもかなえよう」との言葉に、茂重は人参培養の法を習得したいと望み、院主は福田屋庄兵衛を招いて、茂重の望みはかなえられることとなった。茂重が、江戸藩邸に充ててその喜びを綴った手紙(4)の断片と思われるものが残っている。茂重はたちまちその栽培方法を学び、さらに庄兵衛の紹介で、所《ところ》野《の》村の百姓福田団番（弾番）という者について、実際の栽培法を習得した。茂重、志を遂げたのを喜び、機をみて帰国したいと思った。猿田彦命を信仰していたが、一夜夢で一匹の猿が枕頭《ちんとう》に現れて、疾《と》く疾くと呼んだ。茂重、醒《さ》めて、これは猿田彦命の帰国を促す託宣《たくせん》であるとして、帰郷の希望を院主に伝えた。院主は、彼の旅立ちの宴を設け、種人参と生人参を贈った。同年一二月一九日、国に帰り、意宇郡古志原（松江市古志原町）の地が日光の地質に似ていると判断し、試作したところ、翌年の春、よく発芽し、人参栽培の事業が松江で初めて成功した。

文化三年から多くの百姓にも習い作らせ、増収するにおよんで、同一三年他国へ売ることを幕府へ願い出て許され、三都・北国・長崎などで売り出した。のちに「木苗方」から「常平方」に移し、製法にも改善を加え、ついに日光産を凌駕《りょうが》し、清国人の嗜好《しこう》に合い、巨額の利を得た。弘化四年（一八四七）、寺町に人参方を新たに創設した。

茂重が、文化元年に帰国したのは、治郷の引退の二年前で、同三年に生産の拡大をはかったのは、治郷の隠居の年である。人参栽培が盛んになり、前節の『在臆話記』にあるような巨利を得たのは次の斎恒《なりつね》の代で、その基礎は治郷によって築かれたといえる。

菓子と茶　不昧好みの「若草《わかくさ》」・「山川《やまかわ》」・「菜種《なたね》の里《さと》」などの銘菓がつくられた（エピ

ローグで詳述)。宇治の茶師上林三入《かんばやしさんにゅう》の納入する銘茶「中之白《なかのしろ》」(濃茶《こいちゃ》)もできた。上林三入の願いにより、茶銘を、治郷が寛政八年(一七九六)春に命名した。すでにあった「昔」と「一ノ白」の中間の風味を表している。「一ノ白」は初代藩主直政の命名である。当時の茶の価格表には、「中之白」が十匁(約三七・五g)で一分とある。一文を二五円で換算すると、三七・五gが二五、〇〇〇円の高価な茶であることが分かる。

不昧没後のことであるが、天保六年(一八三五)、藩は茶の湯・生け花など遊芸を好む澤一交を、村々の有力な百姓たちが招くことを禁止した。また、町場で挽《ひ》き茶(抹《まっ》茶《ちゃ》)を販売することも禁止した。元々茶の湯は、一般庶民のものではなかった(5)。天保八年には、領内の町場に菓子屋が多くなり、砂糖の消費量が増えていることが問題となり、白砂糖の販売を一切禁止した。白砂糖は移入に頼っていた。茶の湯の風習が松江以外にも広がっていたことが分かる。翌年には、砂糖の販売は京店《きょうみせ》(松江市東茶町)の新屋伝右衛門《あたらしやでんえもん》のみが取り扱うことになった。領内の菓子屋は新屋伝右衛門からでないと、砂糖を入手できなくなった。

駿馬の生産・飼養　泰平の世になっても、武門の習いとして乗馬訓練等は重要な課題であった。諸藩、争って良馬の飼養《しよう》に努めていた。

古来、出雲は駿馬《しゅんめ》を産していたといわれている。直政のとき、奥州産の良馬を入れて、大いに品種改良を図った。治郷の夫人彭は、仙台から輿入れしていた。仙台の藩祖伊達《だて》正宗《まさむね》は、密かにアラビヤ馬を輸入したと伝わるほどで、仙台馬には優れた馬が多く、他藩に分け与えることを好まなかった。しかし、治郷は、自身が仙台侯の女婿《じょせい》であるため、仙台馬を手に入れることができた。また、薩州侯と親しくしていたので、薩摩の良馬も入手した。こうした馬を利用し、良馬を父馬として藩庁に置いた。父馬が年老いてくると、民間に下して、良馬の繁殖に努めた。

松江藩の馬政に、外厩《そとうまや》および内厩の制があった。前者は、三の丸（島根県庁）前に置かれ厩舎と乗馬場があった。後者は、城内三の丸（島根県庁構内）に置かれ藩主乗用の良馬を飼っていた。民間に下げて繁殖さ

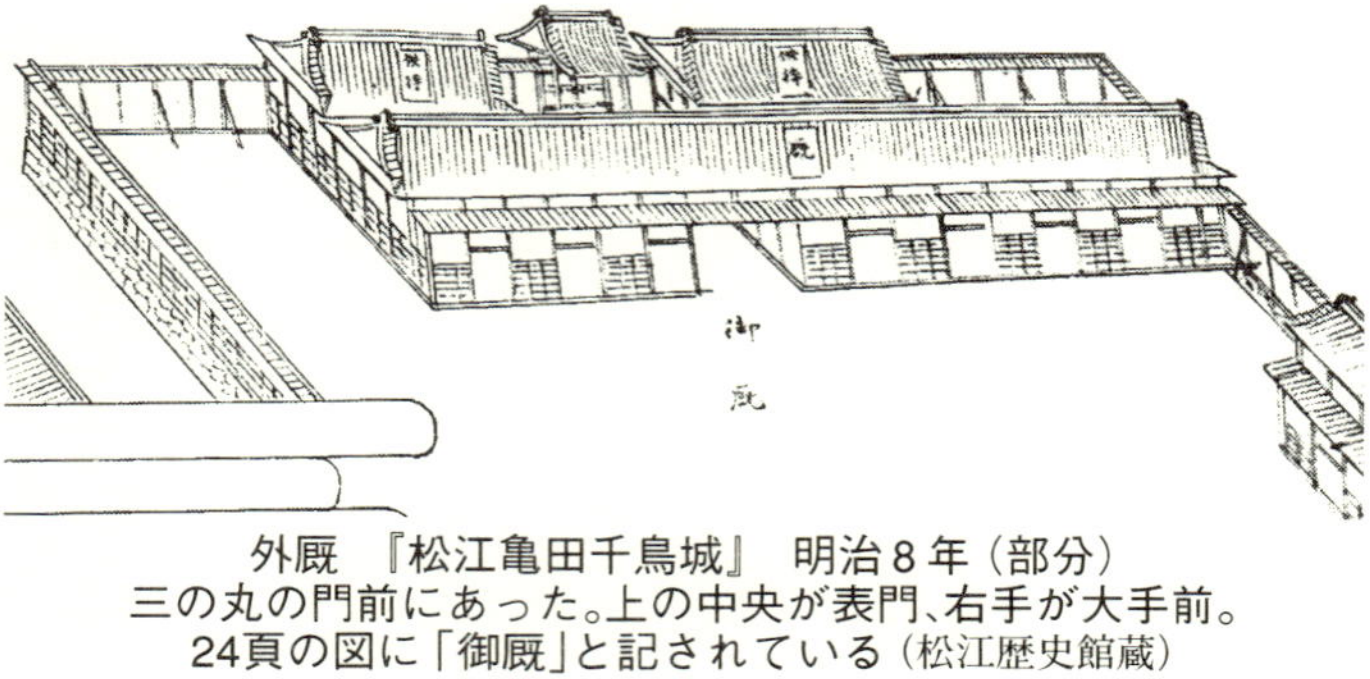

外厩　『松江亀田千鳥城』　明治８年（部分）
三の丸の門前にあった。上の中央が表門、右手が大手前。
24頁の図に「御厩」と記されている（松江歴史館蔵）

せる方法として、年番預けと草代預けの二通りあった。

年番預けは、郷方《さとかた》の豪農に命じて半ば義務的に飼わせた。草代預けは、草代（飼料代）を支給して民間の有志者に預けた。藩の役人が度々巡視して飼養法《しよう》を検査していた。当時、人参畑栽培のため馬糞が高く売れるので、人々は争って藩馬を預かりたがったという。毎年、初午《はつうま》から五月にかけて種付けし、生まれた駒《こま》は二歳になった春三月のころ、荒《あら》調べをして、選抜した。合格しなかった馬を宗門附とし、翌四月に役人立ち合いで、宗門附の馬を再検査した。丈《たけ》四尺以上の馬には、一寸ごとに一貫文の特別賞金を与えた。八月、これを外厩に出して、乗方役総立会で厳密な検査をした。最も良い馬を「御留《おとど》め」とし、残りは「御廃《おすた》り」とした。「御廃り」は飼い主の手に返し、「御留め」は、九月より駒乗役人が乗って郡部を乗りまわして慣らした。一一月に外厩で御留めを精選し、選ばれなかった馬を御廃りとし、翌三年三月、さらに三歳馬の大選抜を行い、四月に一番・二番の等級を定めた。千頭の馬から選ばれて、藩に買い上げられるのは一一～一三頭だったという。この馬を「御繋《おつな》ぎ」という。御繋ぎとなれば、葵《あおい》御紋の油箪《ゆてん》をかけ、一頭ごとに目明《めあかし》一人、同心一人、前後に付き添いを伴い堂々とひかれて行く。飼主の栄誉も格別のものであった。

隠岐馬は、古来名が高く、他種を交えない純粋な馬として珍重された。体躯は比較的小さいが、粗食で労役に耐えた。

木工芸　木工の名手に小林如泥《じょでい》がいた。本名は、安左衛門といい、宝暦三年（一七五三）に松江白潟大工町で生まれた。通称は善八である。先祖は、直政に従って信州松本から来た。寛政二年（一七九〇）、父の後を継ぎ三人扶持で御作事所《おさくじしょ》勤務となり藩に仕えた。すぐれた仕事ぶりによって、しばしば褒《ほう》美《び》を賜った。御作事所の業務は、社寺建築・書院建築・数寄屋建築・橋の建設など多様であった。小林家勤功書(6)によると、三一歳のとき、奥御納戸御用つまり治郷直属の担当部署から天目《てんもく》茶碗の箱製作の命があり、納入後「称美《しょうび》」されたとある。「御作事所御役人帳」には、天明五年（一七八五）、三三歳のとき「江戸勤番被仰付　安左衛門倅　善八」

瓢箪桐透袋棚　小林如泥作品
（島根県立美術館蔵）

とある。既に、治郷に認められていたことが分かる。如泥は酒を好んだ。『松平不昧伝』によると、治郷に従って外出したとき、泥酔して武士に衝突し、危うく斬り捨てになるところであった。このとき、治郷は「彼は泥土の如き物、請う、これをゆるせ」と言って救った。そのため、如泥の名を賜ったという。

如泥は、家具・調度品・建築をはじめ、あらゆる種類の木製品を作った。

ある時、酒を買う銭がないので、小亀の彫刻を酒屋に持っていかせ、酒代に換えていたが、度重なるにつれて酒屋は拒んだ。如泥は「自分の作品は拙劣なものではない。酒をくれないならば、亀を返せ。もし疑うなら、我が亀を大盥《たらい》に放してみよ。水中で自由に泳ぎまわるであろう」と言った。酒屋が実際に放してみると果たして、そのとおりであった。酒屋の話によって、その亀を皆が争って買うようになり、酒代以上の利益を得たという。

ある時、諸大名登城の際、溜之間《たまりのま》で、各大名の国自慢が花を咲かせた。秋田侯は「我藩には大きな蕗《ふき》があり、雨が降れば傘として使え四～五人入れる。」、薩州侯は「我藩には大きな竹があり、これを筒切りにして、風呂桶とする。」と、これに対し治郷は「我藩には名工如泥あり、いかなる細工もする。」と述べた。薩州侯は、治郷の自慢を聞いて「その名工、この瓢箪《ひょうたん》の中に紙を貼ることができるか。」と問うた。負けぬ気の強い治郷は、言下に「よくできる」と応えた。薩州侯より瓢箪を受け取って持ち帰り、如泥を呼び出し、そのことを伝えた。如泥は、命を受け急いで帰国し、野白《のしら》(松江市之白町)の紙漉場《かみすきば》(7)に持って行き、同形の瓢箪を多く集めて、その中に紙の種汁を注いで、よく振って乾かし、うまく紙を貼ることができたので治郷にみせた。治郷が疑ったので、毀して内部を示すと、その妙技に感服しつつも、他人の愛玩器を打破るとは申し訳ないことと叱責したが、如泥は、これは試しに作ったもので、薩州侯よりの預かり物はここにありますと、懐より出して返したという。

後世に取りまとめられた話で、信じ難い内容の伝説的な、それだけの話題を残す名工であったと言えよう。如泥の作品は「菊桐文桐小箱」、「桐袖障子」(東京国立博物館)、「杉狐像」(松江城山稲荷神社 **口絵⑥**)など多数が残されている。

漆　芸　小島清兵衛《こじませいべえ》(五代)は塗師棟梁《ぬしとうりょう》の家に生まれた。小島家は直政の松江入府後に招かれて松江に住んだという。清兵衛は、寛政元年(一七八九)に家職を相続した。不昧に伴い大崎下屋敷に勤め、江戸の蒔絵《まきえ》師原羊遊斎《はらようゆうさい》に師事し、蒔絵技法を会得したといわれる。不昧好みのものを数多く手がけ、棗《なつめ》・香合《こうごう》等の名作がある。「秋野棗」は器面全体を金粉溜に仕上げ、三日月形の銀金貝を蓋甲の曲線にそって大きく配し、身の側面には月夜に浮かび上がる桔梗《ききょう》・藤袴《ふじばかま》・野菊《のぎく》・女郎花《おみなえし》・薄《すすき》を螺鈿《らでん》や金銀蒔絵によって色彩豊かに表現している。底の朱書銘「伊川法眼（花押）」により、狩野伊川院栄信《ながのぶ》(8)による下絵であることが分かる（文献24）。この棗が、不味が「漆壺斎《しっこさい》」の号を与えるきっかけとなったと伝えられる。

陶芸　出雲焼には、楽山焼《げうざんやき》（御山焼《おやまやき》）と布志名焼《ふじなやき》の二種類がある。

蕎麦写茶碗　楽山焼
長岡住右衛門貞政作（松江歴史館蔵）

御本茶碗　楽山焼
長岡住右衛門空斎作

楽山焼は、城の東方川津《かわつ》村（松江市西川津町市成《いちなり》）にあって、一般には、らくざん焼と呼ぶ。延宝七年（一六七九）、長門《ながと》国から招かれた倉《くら》崎《さき》権兵衛《ごんべえ》が妻子を伴って入国した。当初はどこに築窯《ちくよう》したか不明であるが、後に川津村に開窯《かいよう》した。その後次第に衰《すい》微《び》してきたので、六代藩主宗衍《むねのぶ》が楽山窯を再興させるため、布志名（松江市玉湯町布志名）の土屋《つちや》善四郎《ぜんしろう》芳方《よしかた》を抜擢《ばってき》した。御立山《おたてやま》「御焼物師」として楽山で二五年間勤めた後、布志名窯が思わしくなくなったので、安永九年（一七八〇）藩命により布志名に移って土屋窯を起こした。このあと享和元年（一八〇一）、長岡《ながおか》住《すみ》右《え》衛門《もん》貞政《さだまさ》が楽山焼を始めた。長岡住右衛門は、手慣れた陶工であったから、不味の目にかない、江戸大崎の下屋敷で窯を築いて御用焼を努めた。二代目長岡住右衛門空斎は、従来の伊羅保刷毛目茶碗の他に京焼風の色絵茶碗などに優れたものがある。治郷の意向を反映したものとみられている。文化元年（一八〇四）には帯刀御免となっている。

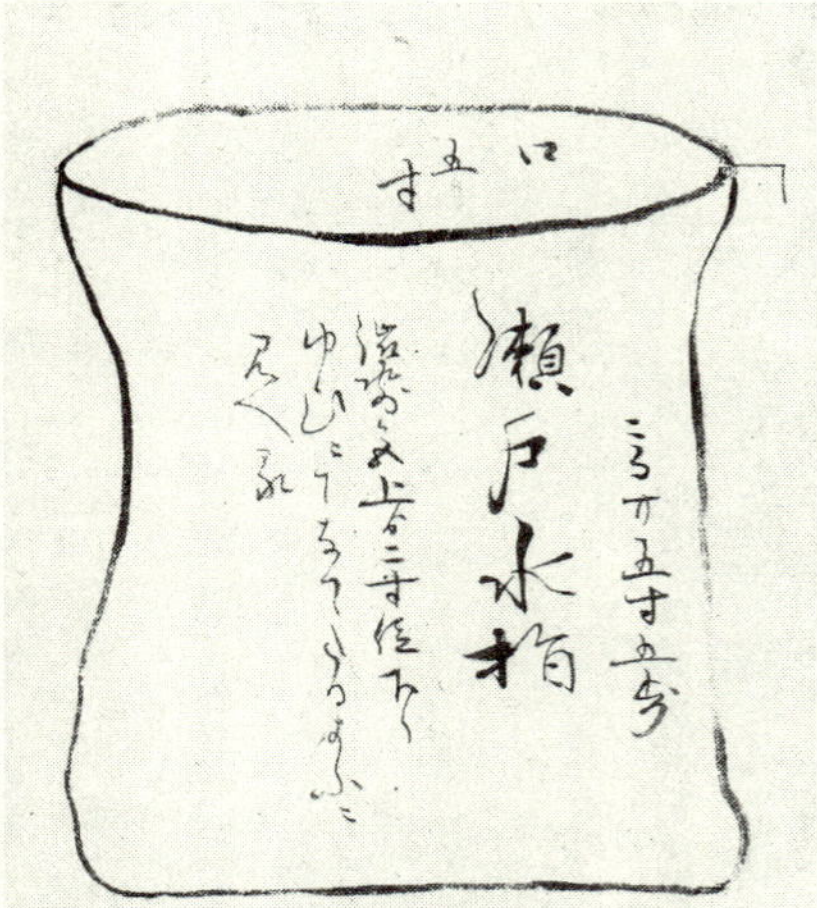

治郷が政芳に与えた水指指図書
（雲善窯蔵）

　布志名窯は、宍道湖南岸に置かれた御用窯である。もともとこの近くから粘土がとれたので瓦土器《かわらけ》を焼いていた瓦屋谷という集落があったと伝わる。土屋窯と永原窯が開窯した。御用窯として二代目土屋善四郎政芳は、歴代の中でも名工として知られている。治郷に取り立てられ、出雲の善四郎から「雲善」の号と瓢箪形の印を賜り、布志名のみならず三の丸御殿・楽山・玉造・江戸大崎屋敷でも御庭焼《おにわやき》を行った。政芳に与えた水指《みずさし》の作陶指示書に、大まかな形を描いて、色は「渋紙色」・「上から二寸程下を指でなでた様にみえること」などと必要なことが書きこんである。一方、土屋善六（三代目）の記名がある『御用御好形控』、『大圓庵様御用品控』という冊子には、治郷の好み等が記され興味深い。永原窯を開窯した永原家は、近江出身で出雲に移住した与蔵順睦《よぞうのぶちか》が享和二年（一八〇二）に昨陶を始め、文化元年（一八〇四）に治郷に召されお茶碗師を拝命している。

製　鉄　出雲は鉄の産地として知られている。砂鉄を原料として、鉄を作っていた。砂鉄を採るのには、山を崩して採るのが一般的であった。中国山地に砂鉄を含む山が集中し、たたら製鉄場も多かった。歴代藩主は、製鉄事業を奨励していた。

治郷は、襲封三年後の明和七年（一七七〇）四月二五日、飯石《いいし》郡吉田村（雲南市吉田町）の鉄師《てつし》頭取《とうどり》田部《たなべ》家の鉄山《てつざん》を見ている(9)。

江戸の豊島《としま》郡幡ヶ谷《はたがや》村の松平家抱《かかえ》屋敷跡（初台《はつだい》遺跡…渋谷区本町）で、鍛冶炉に風

菅谷たたら（雲南市吉田町）の内部
中央に土で作った炉がある。鉄ができた最終段階で、炉は壊される（この炉は展示用）。鍛冶場は隣接地にある
（重要有形民俗文化財）

日刀保たたらの操業（仁多郡奥出雲町）
冬季間のみ操業。全国でここだけ操業している。鉧（美術刀剣用玉鋼）を生産する

松平家抱え屋敷（初台遺跡）出土遺物
右上：羽口片　右下：出雲産瓦片
左：鉄滓
（東京都教育委員会蔵）

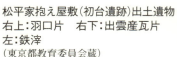

を送る羽口《はぐち》や鉄滓《てっさい》が出土している。松江の粘土が羽口に使われ、出雲の鉄で鉄器を作っていたことが分かった。明確な遺構は検出されていないが鍛冶炉があったのは確実である。ここは、延宝年間（一六七三〜八〇）から幕末にかけての屋敷跡で、治郷の時代にも使われていた。藩邸などで必要とする物を生産する施設があったと思われる。大量の出雲産瓦片や江戸時代後期から幕末にかけての陶磁器も出土している。遺跡から、職人の息吹が聞こえてきそうである。

（4）「……二十七日朝四つ時ころに、実教院和尚様に御目にかかり、夫れより御国の人参作り方の次第御尋ねにつき、くわしく申し上げ候。御同院御側に、同所町人福田屋庄兵衛と申す者罷り、これは先達て人参種世話仕り候仁と、御同院より御申しなられ、此仁、下地二三年以前まで人参作り候えども、売買多用につき、当時は相止め、外方へ名前遣わし申し候。右につき、この仁にくわしくお頼みくだされ、同日昼過ぎ時より御幸町家後ろにて、人参作り候を一見仕り、夫れより、一里余り在に、所野村百姓団番と申す者大分人参作り候故……」（**文献22**より転載）。

（5）このような状況下でも、ひそかに茶の湯を楽しむため、いつ頃からかは分からないが、比較的余裕のある下級武士や商人の家屋に「隠れ茶室《かく》」と呼ばれるものが組み込まれていたようだ。

目立たない場所に工夫して設けられた茶室である。何度も発生した大火で残っているものはないといわれていたが、明治八～九年に建てられた民家の二階に組み込まれているのが見つかっている。

（6）子の右助が書いた。写本が伝わっている。

（7）直政の時代、信州松本から従って来た中條善左衛門に始まるという。治郷の時代には野津壽一郎が紙漉きをしていた。紙の種類は大変多かったという。今は、行われていない。

（8）狩野養川院《ようせんいん》惟信《これのぶ》の子とし江戸に生まれる。天明五年（一七八五）一一歳で奥絵師として勤め始め、享和二年（一八〇二）に法眼に叙される。文化五年（一八〇八）、父惟信没後家督を継いだ。同年、朝鮮通信使への贈答用屏風絵制作の棟梁となり、自身も二双制作する。文化一三年に法印となる。茶道をよくし、松平不昧の恩顧《おんこ》を受けたといわれる。息子養信の『公用日記』では、能鑑賞会などの公務をしばしばサボって息子に押し付ける、調子のよい一面が記されている。

（9）『松平不昧伝』上巻第七章殖産工芸の「五　鉄山」には、明和元年（一七六四）と記されているが、まだ松江に出かけていない時期なので、明和七年の誤りと思われる。（25頁（5））

木綿市で栄えた平田

コラム

江戸時代の初め頃から木綿《もめん》が生産されるようになり、それまでの麻《あさ》に比べ、柔《やわ》らかくて吸水性の高い木綿の需要《じゅよう》が急速に広まった。岸崎左久次時照《きしざきさきゅうじときてる》の『田法記《てんぽうき》』、森広伝兵衛《もりひろでんべえ》の『農作自得集《のうさくじとくしゅう》』などの農書に、女性の木綿織《お》りの様子・綿作《わたさく》に適した土地・種の選び方などが記されている。木綿生産の広がりを知ることができる。なお、岸崎左久次は『出雲国風土記《いずものくにふどき》』の解説書『出雲国風土記鈔《しょう》』の著者としても知られている。

木綿の売買は木綿市《もめんいち》で行われた。最も早い時期に平田《ひらた》と直江《なおえ》で、後に今市《いまいち》・加《か》茂《も》・杵築《きづき》・松江・安来《やすぎ》・宍道《しんじ》・大東《だいとう》・三《み》刀屋《とや》で木綿市が開設されている。民間の流通網を活かす一方で、藩に利益をもたらす「国益」として雲州木綿の品質を藩が管理できるシステムであった。藩から委任された町人には、それぞれ生産者

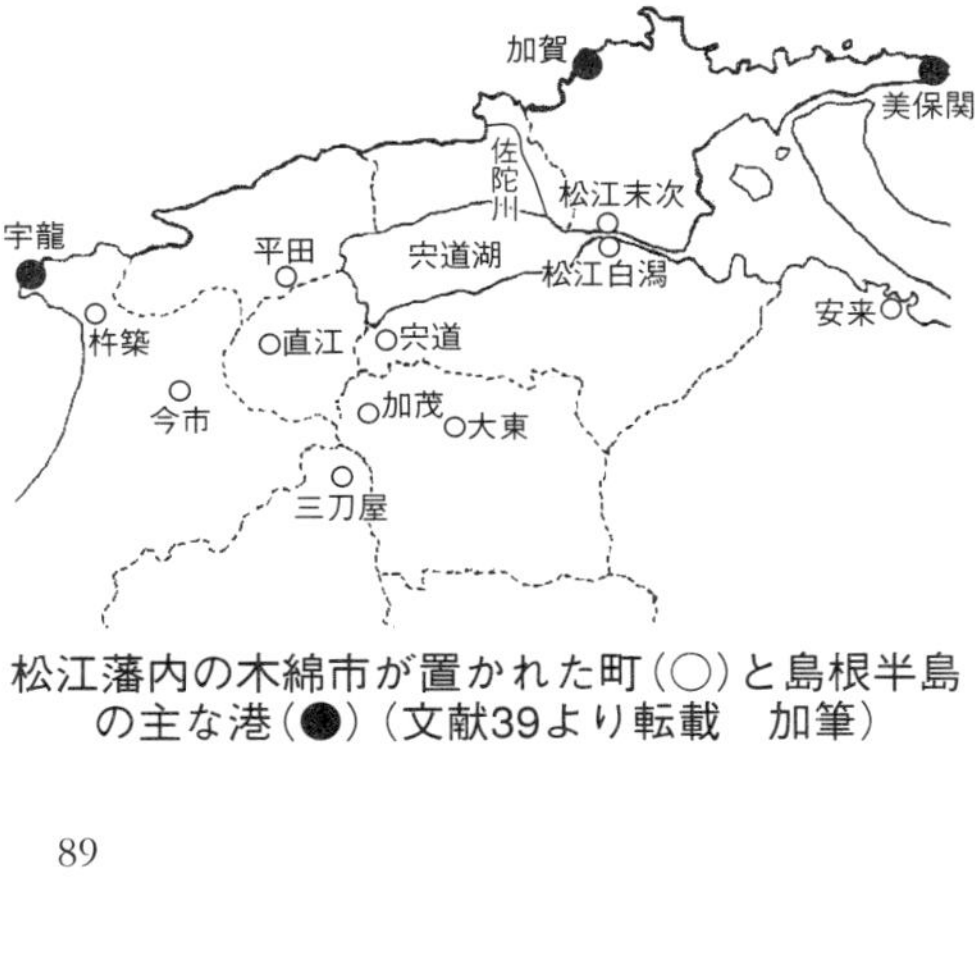

松江藩内の木綿市が置かれた町（○）と島根半島の主な港（●）（文献39より転載　加筆）

の納入する木綿の長さ・重さを計る役、仲買い人が仕入れたものの反数を調べる役、流通税を徴収する役の人物が市場にいた。藩内のみならず国外の商人が買い求めていた。今でも、平田では平田船川沿いの地域は、川港の荷揚げ場として出雲格子と呼ばれる格子窓の家が連なり、数多く残る塗壁造りの建物が当時の面影を伝えている。雲州木綿は平田船川を通って大阪などへ運ばれた。質が高いと評判で、豪商三井も買い付け人を派遣したと言われている。岡鹿門の『在臆話記』(50頁)はこの状況を記したのであろう。

松江の足軽衆の妻女が内職で作っていたシンプルな縞模様の小倉織は、大変丈夫で普段着として広く用いられていた。

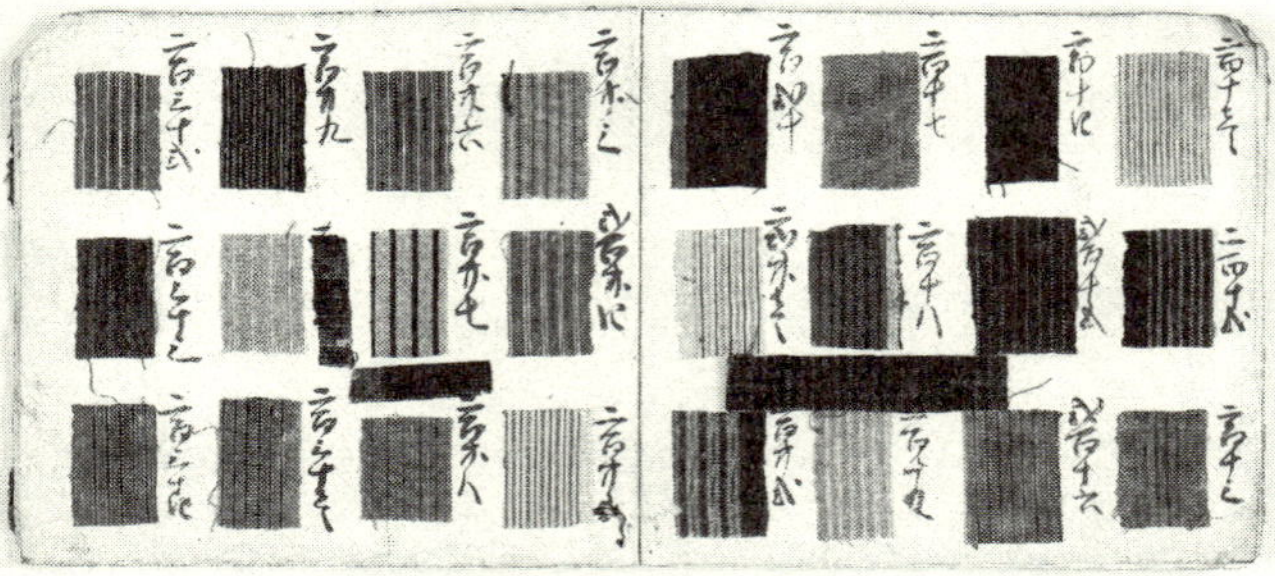

小倉織縞の見本　嘉永六年(1853)(松江歴史館蔵)

漢医学校の創設

治郷は既に述べたように、疹疾《しんしつ》のため参勤の時期をずらしてもらうほどに浮腫（むくみ）や痔疾《じしつ》に苦しんでいた。しかし、歴代藩主の内で最も長命であった。お茶をたしなんだこともあるが、医学に高い関心をもち健康管理に努めていたためと考えられる。具体的には、朝鮮人参の栽培と製品化・江戸や京都から一流の医者の招聘《しょうへい》・漢医学校の創設・幕医の桂川流外科の導入であった。

存済館で医学教育　治郷が診察のために招いた高名な医者の一人荻野元凱《おぎのげんがい》は、江戸の医学館に招かれた小野蘭山《おのらんざん》を通じて、蘭山の弟子を教えていた山本逸記《いっき》を知った。逸記は、京都の浅井南溟《あさいなんめい》・小野蘭山に師事した医師であった。享和二年（一八〇二）、治郷は本草学《ほんぞうがく》に優れている逸記を京都から招き、同四年二月、松江藩の表医師とし島根郡内中原町《うちなかばら》（松江市内中原町）(10)の今村佐右衛門の元宅に住まわせ、「書院」と称した。後に、元凱によって「書院」が「存済館《そんさいかん》」と命名され、松江藩の医学教育が開始された。医書講釈を行うとともに、存済館のカリキュラムを整えた。教材は、ほとんどが中国の医書であった。

存済館には、「現在医業に従事する者及びその子弟で、三〇歳以下の者に限る」という規定があり、門戸《もんこ》は開かれていた。松江藩の在村・在町の医者子弟に和漢医書・本草および鍼灸《しんきゅう》などを教え、優れた医師の養成に努めた。医学教授の山本家から許可を得て、藩外へ医学修行に出かける者が多くなった。

治郷の高い医学への関心が、松江藩内の知識人を刺激し、藩外での学問・医学修行を増加させる結果となった。後の時代、松江から高名な学者など知名士が輩出したのと無縁ではあるまい。

存済館への通学生が増え手狭になったため、天保一一年（一八四〇）、島根郡北堀町《きたほり》（松江市北堀町）(11)の藩士三島儀右衛門邸と交換・移転し、学館とした。門長屋を書生塾とし、翌年、学館内に文庫を建て藩蔵の医書を納めた。この医書には「松江医籍之記」という印が押され、現在松江赤十字病院に保管されている。明治三年（一八七〇）、西洋医学が盛んになり存済館は廃校となった。実に六七年間に及ぶ松江藩での医学教育を担ったことになる。

治郷は、漢学の素養と伝統的な医学の知識・医術に加え、オランダ語の習得が必要と考えるようになっていた。寛政六年（一七九四）に遡るが、江戸の「文学所」教授園山西山に阿蘭陀学を学ばせた。松江藩における蘭学の始まりであった。

藩主と一族の旅・本陣の利用

参勤交代や神社参拝他の旅行で、食事や宿泊が必要な場合に用いる本陣《ほんじん》他の宿舎が必要であった。以下、旅や本陣などの状況をかいつまんで述べよう。

参勤交代　参勤とは、大名が一定期間江戸に出仕することをいい、交代とは、領地につ

上：東海道の宿（○内の日付は九代藩主斎貴が、将軍名代で上洛したときの通過・宿泊期日）
中：史跡「草津宿本陣」
下：草津宿本陣内部（上段の間とあった。藩主等の座所）

くことを言う。一般には、江戸と領地間の移動を参勤交代ということが多い。この項では、世子の時代、引退後の移動も含めて扱うことにする。

治郷は、襲封前、藩主名代としての一回と引退後の二回を除いて、江戸と松江の間を一八回往復している。歴代藩主の中で最も多い。参勤交代等の経路は、時代や藩主の事情その他によって異なるが、東海道か中山道《なかせんどう》・西国《さいごく》街道・出雲《いずも》街道《かいどう》をとっている。治郷は、前章の第二節に述べたように、藩主名代として初入国したとき、東海道から西国街道で姫路に行き、出雲街道経由で松江に入っている。天明八年（一七八八）の帰国時には美濃路を通ったとあるから中山道を通ったのであろう。途中で寄り道したり、同一場所で数日滞在したり、事情によって異なるが、片道二〇日前後の日程を要したと思われる。『寸《すん》里《り》道《どう》地図』(12)という折

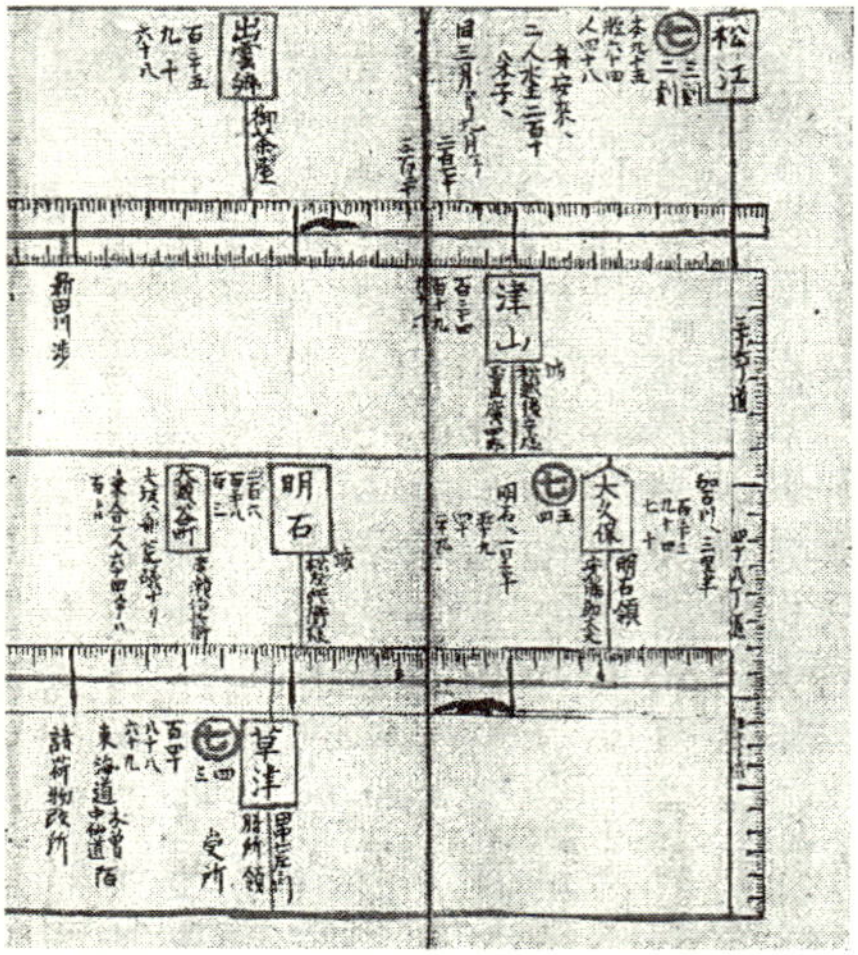

寸里道地図（部分）　松江〜（個人蔵）
（文献43より転載）

り畳み式の携帯用の地図がある。天明二年に松江藩士神田助右衛門《かんだすけえもん》が作成した。松江を起点に江戸の上屋敷を終点とする、全行程約八五〇㎞を一町刻みで表している。参勤交代等の行列は、単純計算すると一日あたり四二・五㎞進むことになる。

本陣被仰付　本陣とは、公家や幕府役人、大名など貴人の宿泊所のことである。五街道など主要幹線では、宿場ごとにあった。全国の大名が江戸と領国の往復に、行列を伴って宿泊するので町が発展した。本陣は、町の有力者によって経営され、苗字・帯刀を許されていた。原則として、一宿《しゅく》一本陣であるが、東海道小田原宿などには四軒あった。

松江藩と関係の深い本陣として、出雲街道の二部《にぶ》宿の足羽《あすわ》家、根雨《ねう》宿の梅林《うめばやし》家、土居《どい》宿の妹尾《せのお》家、作用《さよう》宿の岡田《おかだ》家がある。ただし、岡田家の場合は、寛政二年（一七九〇）に、松江藩が買い上げて御茶屋《おちゃや》としている。また、東海道の草津宿の田中家とは、深い関係があったようだ。筆者が訪れたとき、門前に「松平出羽守宿」の関札《せきふだ》（宿札《やどふだ》とも）が掲げられていた。『寸里道地図』の草津に田中七左ェ門の名がある。

松江藩内の場合、藩主や側室・子息などが出郷《しゅつごう》（城下から在郷へ出かけること）とか神社参詣するときの施設として利用した。五街道などのように、常置された本陣はないので、必要に応じて富裕層の家屋を本陣として借りた。「本陣被仰付《ほんじんおおせつけらる》」とは、今住んでいる家屋を本陣として一時的に借用するという意味である。
本陣に似た施設として、御茶屋がある。領主が街道筋に建て、御茶屋守《もり》を任命して管理させた。『雲陽大数録《うんようだいすうろく》』(13)によると、松崎・浜佐田《はまさだ》（陀）・今市《いまいち》・安来《やすぎ》・吉佐《きさ》・出雲郷《あだかえ》・津田《つだ》・玉造《たまつくり》・牛尾《お》に置かれていた。藩は、本陣と御茶屋をその時の事情によって利用していた。しかし、財政事情から御茶屋より本陣を利用する頻度《ひんど》が高くなっている。

本陣としての条件に、次の三点が求められた。①街道筋に面し大勢の一行が分宿できる家が建ち並んでいること。②藩主専用の御成門《おなりもん》と書院造《しょいんづくり》の御成座があり、専用の湯屋・雪隠《せっちん》等があること。③格式ある調度、美意識の高さがあること。

本陣の家主には、高い経済力と生活文化の高さを演出できる能力・教養が必要であった。由緒正しき家柄で、地域で一定の役を勤め、人望があることが大切であった。本陣を務めることは名誉なことなので、家主側から申し出ることもあった。

出雲街道　姫路～松江間（文献33より転載）

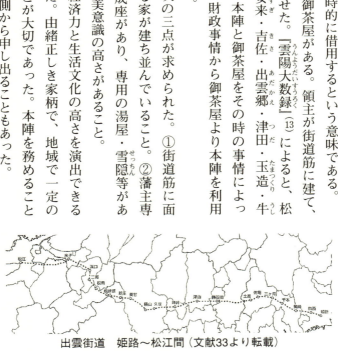

手銭家の場合　寛政七年（一七九五）一〇月一〇日、郡から藩主の出郷について当該町村へ連絡があった。これを先触《さきぶ》れという。「殿様は一〇月一二日に行かれる。宍道湖南岸を通って、鷹狩が行われ、当日は今市に泊まられる。翌一三日、杵築《きづき》の浜に行かれるので、手銭《てぜん》家（出雲市大社町）に昼本陣を仰せ付ける」とあった。「ただし、急なことなので庭掃除をしておく程度でよいし、殿様とお付の者たちの食事は別にするので、下士以外の食事はいらない」ということであった。手銭家では、いざというときのために、一汁二菜で八〇人分の食事を手配し、庭の掃除、あちこちの上塗り、畳の表替え、障子の張り替え、襖《ふすま》の上張りなど大わらわで準備をした。

一〇月一二日午後、官三郎（手銭家五代）が、今市へ早駕籠《はやかご》で出かけ、本陣を仰せ付かったお礼として、鰹節や砂糖などを持って藩の担当者らを回った。同時に、今市の宿（岩崎屋）での供応の様子を確かめ

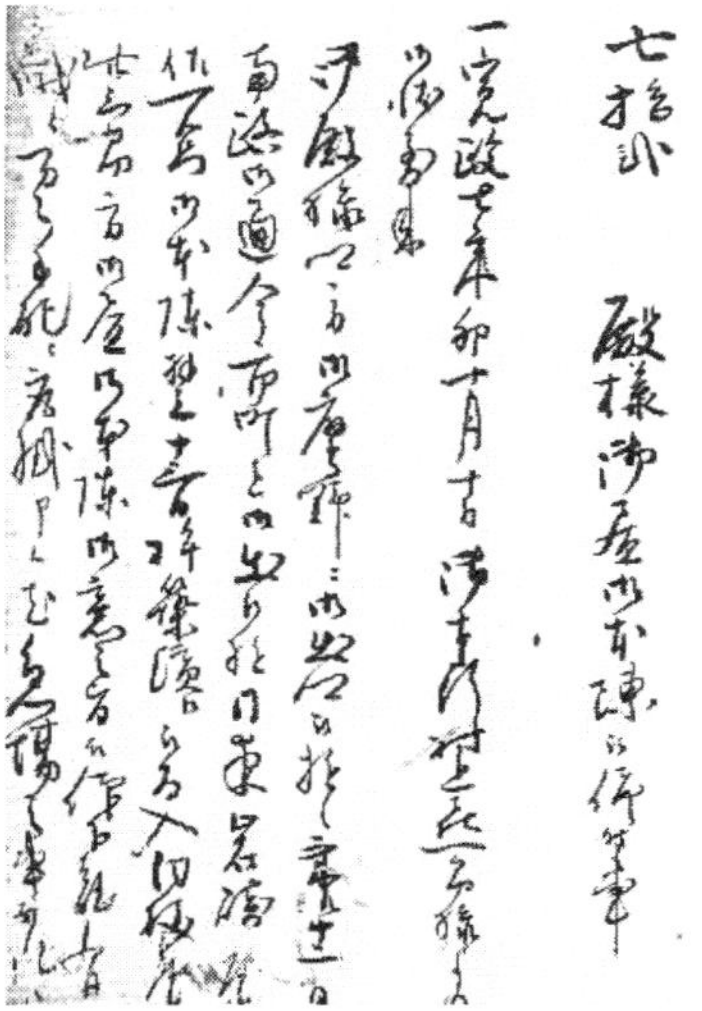

「昼本陣仰被付」の通知文書
（手銭記念館蔵）

た。食事はいらないと言われていたが、今市の宿で、急にお付たちにも食事を出すことになった。昼本陣も同様と聞き、一〇〇人分余を準備するよう大社へ飛脚《ひきゃく》をたてて知らせ、自らも早駕籠で帰り、夜を徹して準備に当たった。

一三日朝、荷物と台所方佐藤勝助が先着した。今回も御膳《おぜん》を献上するつもりがあるか、膳や椀《わん》の準備があるかと尋ねられた。白木《しらき》の御膳はあるものの相応の椀がないと答えた。新しい物ならば紋がなくてもよいと言われたので、白木の膳、朱の椀、瀬戸物などを揃えて、御次方《おつぎのかた》に許しを得て献上することにした。

一三日昼、殿様（治郷）が到着した。少し雨が降っていたので、杵築の浜には行かずお宮へ参宮することになった。此三郎（手銭家四代当主）に上下《かみしも》・無刀で案内するよう申しつけられた。殿様からの問いに対して、大社が大破していることをお傍《そば》役の和多田平二を通して返答した。午後、殿様は平田へ出立されるので神光寺橋までお見送りした。

二三～二六日、官三郎は宍道へ出て担当者の家々とお礼について申し合わせ、二五日に松江へ出て、お礼の品物をあつらえた。二七日～一一月一日、藩の関係者にお礼の品々を持って回った。翌寛政八年二月一〇日、ご褒美として銀一枚下された。一五～一八日、関係の家々と申し合わせ、本陣を申し付けられたことと銀一枚のご褒美をいただいたことについての礼に回った。七月四日、郡より使った費用を書き出し提出するよう書状が届く。五日、百二四貫六百四二文を書き出し提出した。その後、提出した費用が他家と比べて少なくつり合いがとれない。詳しく吟味するとこの金額では済まないだろうと思われるので、二百五〇貫文に書きなおすよう通知があった。そこで、書きなおして再提出した。

木幡家の場合　次は、宍道（松江市宍道町）の木幡《こわた》家の本陣史料から、当時の様子をみよう。詳細は省略するが、先触れによって、本陣側は支度を始める。支度には、部屋の内装と飾物、家財道具・食材の手配、接待役割と下宿《しもやど》の手配といった内容があった。当日は、東の町外れで一行を出迎え、ここで御目見《おめみえ》（藩主を拝謁《はいえつ》）をすることが定例であった。藩主の宿入は、亭主木幡家が案内する。天保一四年（一八四三）一〇月、九代藩主斉貴《なりたけ》が鷹狩の際訪れたときは、定紋付袷《あわせ》・同麻上下《かみしも》・白足袋・裏付革草履を着し、紋付箱灯燈を持った。藩主の食事は、台所方で用意することが多いが、本陣の方から増菜としての料理とか生菓子や果物を献上したりしている。

本陣の費用と回避　本陣を務めると、藩から褒美《ほうび》銀が下される。しかし、この後が大変で、お礼のため、本陣亭主は松江城下の藩士の家々を回って、お礼の品々を配ることが

本陣内部（現在の玄関）

宍道の本陣木幡家（国重要文化財）。御成門は写真の左端先にある

木幡家に伝わる御成膳部。松平家の葵紋がある

慣例となっていた。これだけでも、四〇〜六〇貫文余に及んだ。贈物や藩主を迎えるための造作費用は自己負担となっていたから、全支出の半分以上は本陣側の支出であった。多大な支出は、身代を破綻《はたん》させることになるので、その対処法として逼塞《ひっそく》と主法《しほう》という方法があった。逼塞は、交際を絶ってその費用を節約することで、藩から認められれば、「逼塞」と書いた札を家に掲げておく。主

法は、内々で経営状態を建て直すことで、最悪の場合は、家財を精算することである。実際には、親戚が買い取って、再起を図るようにしたらしい。これらの方法は、本陣を仰せ付けられないようにするという手段であった。手銭家では、寛政四年に下郡《したごおり》又左衛門・与頭《くみがしら》七郎左衛門あてに逼塞願いを出している。木幡家には、逼塞願いが認められたが、御用宿は今まで通りするようにと仰せ付られた文書が残されている。逼塞札も残されている。

藩主の出郷　日御碕《ひのみさき》神社・杵築《きづき》大社（出雲大社）への参詣、鷹狩《たかがり》、紅葉狩りが主な目的であった。江戸へ赴く直前に日御碕神社と杵築大社へ参詣することが慣例であった。鷹狩は、黒目《くろめ》村（出雲市斐川町黒目）の黒目御狩場で行われることが多く、社参と同様に宍道湖を一回りして松江に帰るコースであった。この表では、羽合と表現してある。

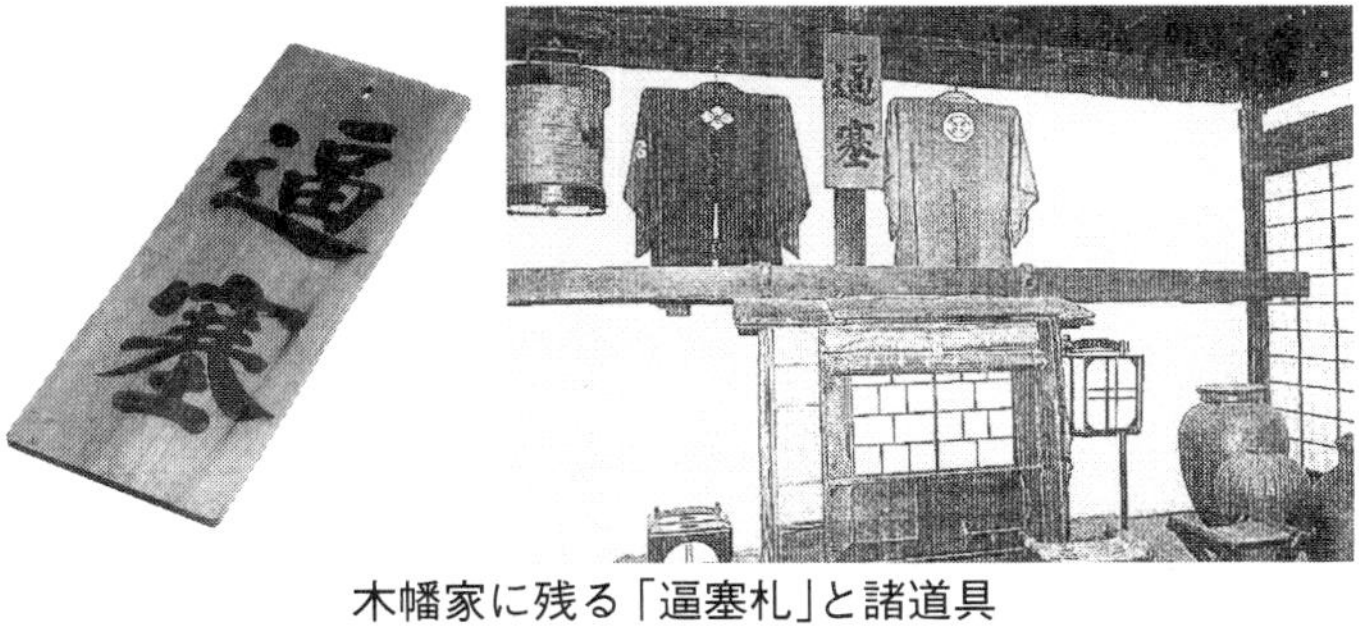

木幡家に残る「逼塞札」と諸道具

表の文化七年と同一三年は、治郷引退後である。

時には、出雲の奥地に出かけることもあった。治郷は享和三年（一八〇三）に、仁多郡で製鉄業を営む鉄師《てっし》頭取《とうどり》の櫻井《さくらい》家（仁多郡奥出雲町）を訪れている。九月と一〇月に三回木幡家に寄っているので、この続きに行ったとも思われる。元文三年（一七三八）に、五代当主利吉が建てた山林を背景にした屋敷が残され、国の重要文化財に指定されている。治郷を迎えるにあたって、本陣の機能を持た

藩主名	年代	西暦	月日	目的	本陣場所	利用形態	備考
宗衍	延享 3	1746	2 月17日	社参	不明（小豆沢）	宿泊	木幡家にも立ち寄る。
	延享 4	1747	9 月16日				
	延享 5	1748	9 月28日			昼休	
	寛延 3	1750	1 月22日				
	寛延 4	1751	6 月12日			宿泊	
	宝暦10	1760	2 月 8 日		小豆沢	昼休	
治郷	享和 1	1801	10月 8 日	羽合	木幡喜三郎	昼休	
			10月10日		御茶屋	宿泊	
	享和 3	1803	9 月21日	出郷			
			9 月25日		木幡屋与右衛門	昼休	
			10月11日			宿泊	
	文化 2	1805	9 月18日	不明			玉造入湯のついでか。
	文化 7	1810	2 月 2 日	社参	御茶屋	昼休	
	文化13	1816	10月28日	羽合	木幡屋卯兵衛		
斉恒	文政 2	1819	9 月21日	紅葉		宿泊	
駒次郎（斉恒の養子）・律姫	文政 6	1823	2 月21日	社参	木幡屋久右衛門	宿泊	
斉貴（斉斎）	天保 7	1836	2 月 1 日	羽合			
	天保10	1839	9 月27日			昼休	
	天保14	1843	閏9月27日				
			10月 9 日				
			10月22日			宿泊	
	天保15	1844	1 月19日				
駒次郎（斉恒の養子）	嘉永 2	1849	8 月17日	社参			
直応（瑶彩麻呂）	明治 1	1868	3 月21日	不明	木幡		

木幡家文書から分かる松江藩主（松平家）の出郷一覧（文献33より転載）

せるため、上の間や庭園などが増普請された。庭を含む敷地面積は約五六〇〇㎡に及ぶ。庭を取り巻く塀には「御成門」が設けられた。藩主は、駕籠《かご》に乗ったままこの門を通り、庭の中央のお駕籠石におろされた。家人は主屋から下がり、全てを藩士が取り仕切ったという。約五〇〇m上流の内谷川から引き込んで、岩盤の斜面を利用した落差約一六mの滝が作られている。治郷はこれを見て、「岩浪《がんろう》の滝」と命名したと伝わる。

後に、斎恒《なりつね》三回・斎貴《なりたけ》一回・定安《さだやす》一回と歴代藩主が計五回櫻井家を訪れている。

平成二九年（二〇一七）に「櫻井氏庭園」が国の名勝に指定された。

以上のように、三家の例を見ると、本陣を仰せ付けられるのは名誉なこと

櫻井氏庭園。左橋に「岩浪の滝」がある。右端に、後年、園池にせり出して建てられた茶室掬掃亭が見える（奥出雲町教育委員会蔵）

であるが、出費のかかる準備で大変であったことが伝わってくる。

(10)『松江城下武家屋敷明細帳』によると、やや曖昧な点もあるが、松江市内中原町の筋違橋《すじかいばし》北詰二軒目にあったと思われる。

(11)『松江城下武家屋敷明細帳』によると、北堀橋を渡って北進した通りの中央の十字路右(北側)に置かれた。

(12)松江を起点として、江戸の赤坂門を終点にした。ダイアグラム式(平行直線式)の街道図である。宿場の方位や位置関係は無視されている。一町刻みで、一里を一寸で表す一二万九千六〇〇分の一の地図である。雨濡れに耐えるように柿渋塗りされている。作成者松江藩士神田助右衛門は、藩の道中吟味役としての職務にかかわり、個人の実用に作ったと考えられている。

(13)宝暦年間(一七五一~六四)の成立とされるが、明和年間(一七六四~七二)の成立とも思われる。出雲国の統計書というべき書。

第六節　その他の足跡とか伝聞や逸話

治郷には、前節で述べた主な事業などの他に、伝聞や言い伝えが多い。以下、あまりおもてに出てこない話を紹介しよう。

親しかった人物　六代藩主宗衍には、幼少のころから親しくしていた家臣があった。萩《はぎ》野《の》喜《き》内《ない》というのが、松江藩に仕えるときの名前である。萩野は俗姓、喜内は称であって、本姓は平《たいら》・孔平《くひら》、名は信敏《のぶとし》、号は鳩谷《きゅうこく》・天愚《てんぐ》（斎《さい》）・草鞋《わらじ》大王・萬《ばん》坧君《せきくん》とある。天愚孔平《てんぐこうへい》と名乗っているのは、孔平《くひら》が姓であったが、のちに天愚をつけて、天愚孔平となった。孔平の由来は、先祖が水軍、実は海賊で、中国に渡って女性を連れて帰ってきた。帰りの船中で、この女性が「実は私は子どもを身ごもっております」と言った。よく聞くと「孔子の子孫の子を身ごもっている」と言うので大変喜び、日本に帰って生ませ、自分の跡取りにした。死ぬときに、その子に「実はお前は孔子の子孫である。そして我が家の本姓は平であるから、今後、姓は孔平《くひら》と名乗れ」と言ったというのである。荒唐無稽《こうとうむけい》な話であるが、松浦静山《まつらせいざん》は『甲子夜話《かっしやわ》』(1)の中でこの話に触れ、中国の古典籍『闕里誌《けつりし》』等からみてもこの話は、「誣《しう》とすべからず」、即ち、まんざら根拠のない話と

『百家琦行伝』挿絵の天愚孔平
（松江歴史館蔵）

萩野信敏肖像（部分）
栗原信充筆　江戸後期
（国立国会図書館蔵）

もいえない、と書いている。

喜内は、延享元年（一七四四）、江戸藩邸で、藩主宗衍の御伽勤《おとぎづとめ》を仰せ付けられた。出世の過程は省略するが、安永元年（一七七二）、御隠居様（引退後の宗衍）付きの御《お》納戸《なんど》役と側医《そばい》を兼ねる役を命ぜられた。医師として仕えるのは初めてのことであった。幼少の頃より仕え、遊び仲間であり、学問仲間であり、お互いに気の合う、友人のような君臣であった。しかし、五年後の安永六年、御納戸役と側医を免ぜられている。これは、第二章第四節で述べたように、朝日丹波郷保が江戸屋敷の御納戸金を冗費とみなし、喜内も冗員とみなされたのである。しかし、最終的には、番頭《ばんがしら》にまで上りつめた。番組の士を預かって支配し、戦時にはその組士を率いて采配をとる、いわば司令官にあたる。

天愚孔平は博学多才な人物で、前章第一節で登場した儒臣宇佐美恵助《うさみえすけ》の、優秀な弟子として様々な書物の序文《じょぶん》や跋文《ばつぶん》を執筆した。蘭学者《らんがくしゃ》との交流もあり、『蘭学階梯《らんがくかいてい》』(2)の序文を福知山《ふくちやま》藩主朽木昌綱《くつきまさつな》(3)と共に書いている。宗衍の寿蔵碑《じゅぞうひ》(4)の碑文は、「自分のことをよく知っている萩野信敏に書かせよ」という、宗衍の意志に従って書いたものである。『群書類従《ぐんしょるいじゅう》』(5)を編纂《へんさん》・刊行した盲人塙保己一《はなわほきいち》の無名時代に、彼を見出し、彼の伝記を書いている。学者として一流でありながら、一方では奇人として知られ、百人の奇人を集めた『百家琦行伝《ひゃっかきこうでん》』(6)に、天愚は三番目に登場するほどの奇人であったという。安永六年(一七七七)頃から、虚言と奇行が始まったと推定されている。

宗衍壽蔵碑（月照寺）

晴れているのに、雨合羽《あまがっぱ》を着て、歳は常に百歳といい、風呂にも入らず、使い古しの草履《ぞうり》を集め、賽銭箱《さいせんばこ》に入れる銭《ぜに》には、紐《ひも》をつけて入れ、後で回収したと伝えられる。また、神社仏閣に貼《は》り付ける千社札《せんじゃふだ》の元祖とも言われている。千社札を高い所に貼り付ける携帯用の「振り出し竿」も考案している。

長々と天愚孔平について記したが、治郷も一八歳年上の天愚孔平を寵愛し頼りにした。天愚は、先の老中《ろうじゅう》・田沼意次《たぬまおきつぐ》の政治を「子供の戯《たわむ》れの如《ごと》き」で、道徳心がないことが問題である。寛政の改革を行った、今の老中・松平定信《さだのぶ》は人格者であるからこそ、誤った政策は後世に弊害《へいがい》をもたらすと批判している。幕府が放った隠密《おんみつ》の調査によれば、天愚は、「江戸に幕府の交易所を設け、自分を奉行にすれば物価の地域格差をなくすことができる」と提案していたという。『負陽献芹婆心禄《ふようけんさんばしんろく》』という天愚の書いたものがある。これに、「江戸詰めの藩士は投げやり（無責任）なことや、者頭《ものがしら》役は本来六人必要であるが、自分なら一人で勤めることができる」と、江戸藩邸の勤番の合理化を、老婆心《ろうばしん》ながらと、内々に家老の大野氏に提案している。者頭役経験者としての意見である。こうした感覚は、治郷にも通じるところがある。第四・五節で述べた、御立派政治や治郷の親政に大きな影響を与えたとも考えられる。

尊皇の心　治郷の祖母は、伏見宮邦良親王の女岩姫《いわひめ》（天岳院）である。宝暦二年（一七五二）三月七日、宗衍が親王を藩邸に迎えた時、鶴太郎（治郷の幼名）は父宗衍の側に並んだ。親王より人形箱を手渡しされたという。また、同六年三月三日、鶴太郎六歳のとき、親王は、のし鰒《あわび》を取り手渡しされたという。治郷の夫人彭《せい》は、仙台侯の娘であって、勤皇家《きんのうか》林子平の姪《めい》である。彭は和歌に秀でていた。和歌は、我が国固有の文学で、朝廷との関係も深い。和歌を嗜《たしな》むことで国の歴史を知り、皇室の尊厳《そんげん》をわきまえるようになった。自然と、夫妻共々朝廷を尊崇《そんすう》するようになった。治郷の治世中、朝廷に対する献金は一〇回におよんだ。朝廷の吉凶その他の行事に関しての献金である。その内の若干例を示すと、次のとおりである。

明和八年（一七七一）四月二〇日、後桃園天皇《ごももぞのてんのう》即位奉祝のため、朝日丹波郷保を上洛させて、禁裏《きんり》に儀刀一口《ふり》・白銀二〇枚、仙洞《せんとう》に儀刀一口・白銀一〇枚、女院《にょういん》に白銀五枚、准后《じゅごう》に白銀五枚を奉献させた。

安永八年（一七七九）一一月九日、後桃園天皇崩御《ほうぎょ》されたが、治郷は国に居て朝廷に行けなかったので、当時の例に従って、幕府に起居を伺い、一二月三日、者頭を泉涌《せんにゅう》寺《じ》（7）に詣でさせ、香銀五枚奉献した。

寛政六年（一七九四）一一月二三日、前年皇居が炎上し新たに造営された。幕府は五万石以上の諸侯に献金を命じた。九五七両を献じて、微意を表した。

お抱え力士　治郷は、先代宗衍同様に相撲を好んだ。三の丸御殿の庭に土俵があった。大関釋迦《しゃか》ヶ嶽《がたけ》雲右衛門《くもえもん》は、大塚（安来市大塚町）の紺屋《こうや》の子で、宗衍・治郷のお抱え力士の一人である。雷電為五郎の弟子で、身長七尺三寸の巨漢であった。旅行には鯨《くじら》一尺の草履をはいていた。明和（一七六四～七二）の頃、禁裏《きんり》で天覧試合のとき、関白《かんぱく》より緒《お》二筋を賜った。治郷、これを見て畏《かしこ》くも天子の御《お》冠《かんむり》の緒である。汝《なんじ》は、冥加至極《みょうがしごく》の

右：着物すがたの釋迦ヶ嶽雲右衛門（島根県立古代出雲歴史博物館蔵）
左：釋迦ヶ嶽雲右衛門の草履（個人蔵）

奴《やつ》だ。出雲は野見宿禰《のみのすくね》以来、相撲の誉《ほま》れある国である。汝がこれを賜ったことは我が国の名誉でもある。近習に命じて、神棚を作り、この緒を祀るよう命じた。釋迦ヶ嶽は、安永四年（一七七五）二月一四日もしくは一五日に現役で死亡した。釋迦ヶ嶽没後、その神棚が鳴動《めいどう》したので、この緒を出雲大社に奉納したという。

その後の松江藩にも、真鶴・御崎川などの力士がいたが、皆幕下であった。そこで、治郷は、谷風《たにかぜ》・宮城野《みやぎの》・沖津風《おきつかぜ》・所縁《ゆかり》山など大物力士を抱えている仙台藩に頼み、一人を譲りうけた。後に四股名《しこな》を柏戸と変えた所縁山であった。その後、天明八年（一七八八）になって、伊勢ノ海部屋の谷風のもとで修行中の有望な青年太郎吉を抱えることになった。恐らく、柏戸の推挙であろう。太郎吉は、信州小県《ちいさがた》郡大石村（長野県東御《とうみ》市）生まれであった。同年九月の「於江戸表四人扶持被下置、夫《それ》より御籠部屋罷越候処、三助様より金四十両親共江被下置候」、一一月には「大石村名主嘉惣次、松公（松江藩主）の太郎吉召抱に対し、太郎吉の父半右衛門より承諾書を徴し、小諸《こもろ》会所に差し出す」という記録から、力士を抱えるための手続きが分かる。「三助様」は、治郷の弟衍親《のぶちか》のことである。雷電《らいでん》（為右衛門）の四股名が許されたのもこの時であった。

松江藩では、御船屋《おふなや》の御水主《おかこ》（足軽）を命ぜられている。水主は船奉行の配下にあり、藩主の御座船の水夫であった。切米は、八石三人扶持で、特別の扱いを受けていたようだ。御船屋は、鍛治町の東はずれ（松江市東本町）にあり、その構内に水主の宿舎もあった。水主たちは、水泳を始め弓・刀・鑓・相撲などの武術や漁労の技術とか舟唄の稽古が課せられていた。弓は狩猟や実戦のため、相撲は足腰の鍛錬や腕力の強化になるので、必須とされていた。

大変興味深いことに、雷電は『諸国相撲控帳』と題した日記を残している。以下、その中から雷電の日常や思いを垣間《かいま》見てみよう。

まず、寛政二年（一七九〇）の日記をみよう。

一　この年（戌《いぬ》）の秋、江戸大相撲の土俵を勤めた。場所は両国、本所回向院。大入り盛況であった。私も好調で小の川（横綱小野川）も投げた。この晴天十日間の本場所の取組で、（久留米藩お抱えの）友千鳥と小野川の一番は勝負預かりとなった。十二月十二日に場所を勤め終えた。

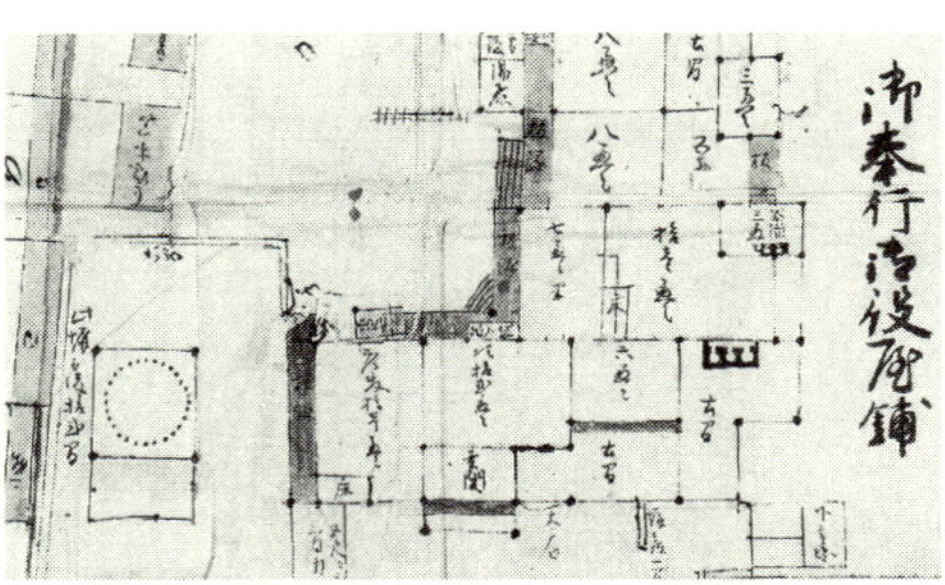

御船屋分見絵図（部分）　御奉行屋敷の左側に土俵が描かれている（中山英男氏蔵）

この場所は、雷電にとって初の大相撲であった。十日間の興行で、いきなり関脇での初場所であった。順調に勝ち進んだが、四日目に友千鳥との取組で、もつれた相撲のあげく、物言いがついて預かりとなった。八日目、横綱小野川との取組で、これも物言いがついて預かりとなった。この二番の他は順調に勝ち、八勝二預かりとなった。雷電の師匠横綱谷風は七勝一敗一分一休、小野川は六勝一敗一預かり二休という結果であった。土付かずで、初出場の雷電の優勝となった。

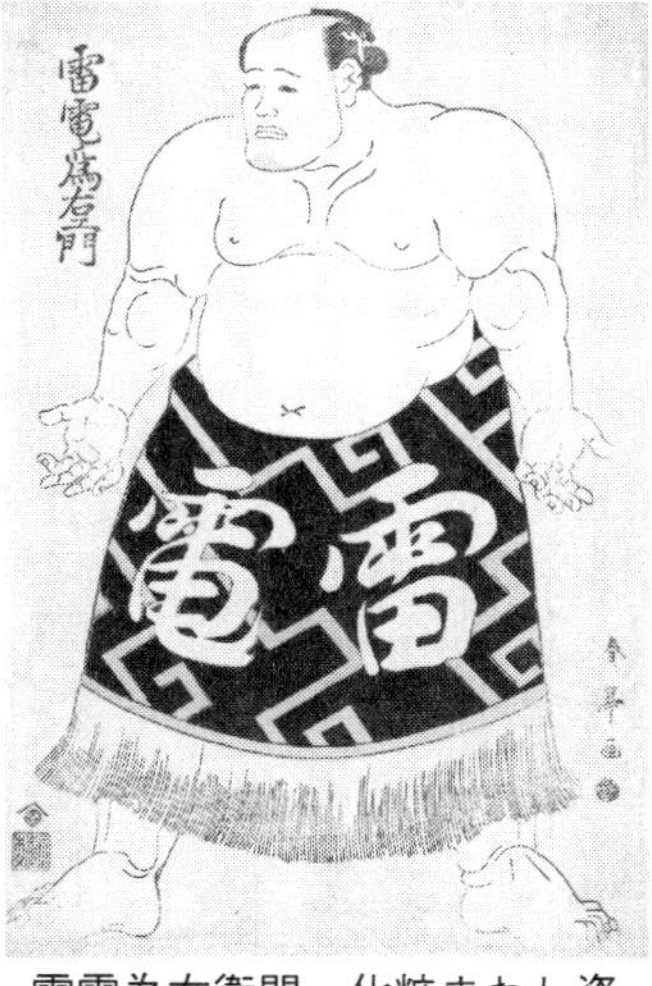

雷電為右衛門　化粧まわし姿
（(財)日本相撲協会相撲博物館蔵）

治郷との関係も覗いてみよう。

一　寛政九年（巳《み》）、春の大相撲江戸本場所を勤めた。

五月二日、江戸を出立し国許へ二十三日に帰ったが、それから、お殿様（治郷）が病気で伏せってしまわれたので、お慰めのためにたびたび稽古を披露申しあげた。

お殿様は、八月二十日まで稽古をご覧あそばされた。ご容態もよくなられたので、相撲衆は江戸に向かうことを仰せ付けられ、八月廿八日に出立した。

松江で病気になった治郷が、相撲を見たいとのことで、江戸から呼び戻されたのであろう。三の丸の御殿内の土俵（口絵⑦）で稽古相撲をしたと思われる。

これより前の寛政四年、雷電は治郷に付き従って松江に帰る。三月二四日に始まった、神田明神境内での春の本場所を休むことになった。柏戸（小結）・真鶴改め稲妻（十両）ら雲州抱えの力士に加えて、久留米藩抱えの小野川（横綱）・九紋竜（小結）・鷲ヶ浜（前頭）・磐井川（同）、伊予藩抱えの陣幕（関脇）が帰藩し、人気力士が欠場したため、興行主は大変であった。今では考えられないことであるが、藩主の都合が優先された。

雷電の日記は、淡々と書かれ個人的な生活を知ることはできない。小野川を投げて勝ったのに、物言いがついたという思いがかすかに見える程度である。個人的な感情はもちろん、私事にわたることは極力抑えて書かれている。松江藩では、軽輩とはいえ武士の扱いを受けているので、自分の不用意な言動等で藩に対して迷惑を及ぼすことを恐れたのであろうか。興行の収入などは細かく記録されている。几帳面な性格の持ち主であったようだ。

当時の相撲取りは、読み書きはおろか、自分の名前もかけなかった人が多かったといわれているが、雷電は達筆で文章もよくまとまっている。足掛け二七年にわたって巡業日誌を綴ったことは驚きである。二一年間（三五場所）の取組で、総取組二八五、勝ち二五四、負け一〇、引分け二、預かり一四、無勝負五、休み三〇で勝率九六・二パーセントであったという。優勝二七を数えるが、なぜか大関どまりで、横綱昇進はなかった。その理由については各説あるようだが、ここではふれまい。

祐筆《ゆうひつ》に野間善兵衛《のまぜんべえ》という者がいた。あるとき、治郷が相撲力士の化粧《けしょう》まわしに揮毫《きごう》せよと命令した。しかし、善兵衛は、いかに祐筆であっても、武士たる者が力士のまわしに筆を染めることは不見識と、辞退しようとした。治郷は、その考え尤《もっとも》であるが、このことは自分が頼むことだと言ったので、善兵衛は気持ちよく腕《うで》を振るったという。

鷹狩　治郷はあるとき、弟衍親《のぶちか》と鷹野《たかの》の約束をした。衍親は家老有澤《ありさわ》邸に居た。当日は、大風雪で、しかも持病の頭痛に悩んでいたので、中止を治郷に手紙で知らせたところ、返書に「鷹野は遊びではない。身体を鍛え、武道を忘れないようにするためである。昔、信長《のぶなが》は大雷雨に乗《じょう》じて義元《よしもと》を討った。武士の模範たる者、この風雪に怖気《おじけ》づくべきではない」とあった。衍親、兄の返書に憤然《ふんぜん》と決起《けっき》し、「我、兄君に警告されたのは、一生の過ちである」と、直ちに馬にまたがり、風雪の中を馳《は》せた。治郷は、既《すで》に身《み》支度《じたく》して玄関に立って待っていた。弟の勇気を大変喜び褒めた。鶴や鴨など多くの獲物があったので、臣下に分け与えたという。この弟は、享和三年（一八〇三）六月二四日、五一歳で死去した。

あるとき、鷹匠《たかじょう》井上某が、鷹合《たかあ》わせのとき、失敗して捕えることができないと言上《ごんじょう》した。治郷は、剣道の師範《しはん》役大石源内に尋《たず》ねるよう指示した。井上、密かに放鷹《ほうよう》を剣術師に聞くのは不可解と怪しみながらも、藩主の仰せ付けであるので教えを請うた。大石は、「思いが先にたって、肝心の鷹に遅れをとって捕えることができないのだろう。こぞと思ったとき思い切って放せば、鷹の働きは自由になり、鷹は全力を出せるであろう」と教えたという。

治郷が鷹狩に出かける所は、松江城の周辺だけでなく、あちらこちらの片田舎にまで行った。鷹野の際、公式の巡視以外に民情を視察して、下情を知る機会となったことが多い。ある寒い朝、古志原（松江市古志原町）の鍛冶屋《かじや》で、さかんに火をおこし、その上の自在鍵《じざいかぎ》につるした鍋《なべ》で汁を煮るのを見て、そこに寄り、汁を所望した。鍛冶屋は、藩主であることを知るはずもないが、どことなく貴人であると思い、「我々賤《いや》しき者の汁であって、とてもお口にあわないと存じます」と言いながら汁を勧めた。治郷は、これを賞味し、後日殿中にてこの粗汁を作らせ鍛冶屋汁と称したと伝わる。また、鷹野の途中、ある農家に立ち寄り、老人の勧める濁酒《どぶろく》を飲んで、帰館後、爺《じい》が酒と言ってこれを傾けたとの逸話も伝わる。鷹野の微行時に下情を察して、治世の参考としたのである。

（1）平戸藩主であった松浦静山著の随筆。文政四年（一八二一）退隠後の甲子《かっし》の夜から書き始め、毎晩筆をとって天保一二年（一八四一）に没するまで書き続けられている。

（2）杉田玄白《すぎたげんぱく》の門人大槻玄沢《おおつきげんたく》が著した蘭学入門書。

（3）丹波福知山《ふくちやま》藩八代藩主。松平治郷の妹を正妻に迎え、治郷の茶道の弟子でもあった。また、蘭癖《らんぺき》大名として有名でオランダ商館長イサーク・ティチングとオランダ語で文通した。

（4）寿蔵とは、生前に建てる墓のこと。宗衍の寿蔵碑は松江の月照寺にあって、大亀の上に建てられている。この石造亀には、夜な夜な歩きまわるという怪談めいた伝説も生まれた。

（5）史書や文学作品一二七三種が掲載されている。

（6）八島五岳編、天保六年（一八三五）刊行。

また、『蘭学階梯』を著した大槻玄沢の孫の如電《じょでん》は、天愚孔平について次のように書いている。

天愚（「鳩谷《きゅうこく》」）は藩主松平宗衍の驕奢《きょうしゃ》を諌めた。宗衍は「人の性質は天からうけたものので、変えることは出来ない。汝（天愚）は賢く才能があるが、愚鈍となることが出来るか」と問うた。天愚は黙して退いた。以後、放心した者のようになり、狂態奇行が現れた。宗衍は深く恥じて反省して謝り、元の様になるよう告げたが、天愚は狂態を改めなかった。その理由を天愚は、「君命により天性を変えた。私は君を偽らず、自分をも欺かない。この身はこの愚かな境遇で終わってても構わない」と言った。（**文献61**より転載）

（7）京都市東山区泉涌寺山内町にある真言宗泉涌寺派総本山の寺院。山号は東山または泉山。本尊は釈迦如来、阿弥陀如来、弥勒如来の三世仏。平安時代の草創と伝えるが、実質的な開基は鎌倉時代の月輪大師俊芿である。江戸時代の後水尾天皇から幕末に至る歴代天皇の陵墓《りょうぼ》があり、皇室の菩提寺として「御寺《みてら》泉涌寺」と呼ばれている。

第三章　お茶の殿様不昧公

治郷は若いころから、茶の湯に親しんでいた。また、以下に述べるように、盛んに茶会を催していた。その内の大多数が江戸でのことで、国許《くにもと》では少ない。田舎だからバカにしていた訳ではない。むしろ、松江が好きで、よく帰っていたし、家老宅の茶室建設に大いに関わっている。それだけ松江は居心地がよかったのであろう。

岡本宋修《おかもとそうしゅう》なる人物が、常に治郷の側にいた。岡本家は代々松江藩医で、「宋修」は隠居後の号、本名は瑞泉《ずいせん》であった。治郷より五～六歳年長であった。明和三年（一七六六）、治好《はるたか》（元服《げんぷく》後襲封《しゅうほう》前の名）が宗衍《むねのぶ》の名代《みょうだい》として入国するにあたり、国許より江戸へ迎えの役が命ぜられ、治好の供をして帰着した。これが治郷と岡本瑞泉と関わる最初であった。翌四年、瑞泉は四代目家督を継いで瑞庵《ずいあん》を名のった。側医御匕《そばいおさじ》を仰せ付けられ、三五〇石を給せられた。それ以来、寛政七年（一七九五）まで、参勤にはお供に加えられ、その回数は一六回という。側近としての信望は厚く、医師として粉骨砕身の努力をした。享和元年（一八〇一）一二月一日、念願かなって側医御免となっている。三五年間の奉公であった。しかし、松江藩列士録《れっしろく》に「此後折々御次江罷出御機嫌可奉伺被仰渡之」とある。

隠居後の宋修が、『岡本宋修号有心庵懐記』（文献27）を残している。安永四年（一七七五）から文化三年（一八〇六）に至る三一年間一三三回の茶会記で、松江藩士をはじめ六〇余人の客の名がある。松江城内で催された茶事《ちゃじ》一六回が記されている。安永四年から享和三年（一八〇三）までのもので、お気に入りの典医でお茶の心得のある宋修に命じて書かせた記録である。この会で、治郷は茶器の鑑定や命名、箱書きなどを行っている(1)。楽しみを目的とした茶

不昧肖像（部分）　狩野伊川院栄信筆
（護国寺（東京・文京区）蔵）

事で、亭主は岡本宋修、相伴は側近の家来などごく内輪の催しであった。場所は「御居間四畳半」他、城内の一室である。これ以外は、宋修宅での記録である。この宋修は文化九年（一八一二）に死去した。

第一節　藩主の座を斎恒に譲る

文化三年（一八〇六）三月一一日、治郷は致仕を許された。五六歳であった。明和四年（一七六七）の襲封《しゅうほう》以来、歴代藩主中最も長い三九年間治世に努めてきた。同月一三日、大崎の下屋敷に移り、剃髪《ていはつ》して「不昧《ふまい》」(2)と号した。致仕以前に世子と主だった者に対して、杜甫《とほ》の詩を引用して次のような書簡《しょかん》を与えた。

「人生七十は古来稀、五十六歳より一年経てば、十四年、二年経てば十三年、丸々明年より十五年、苦四十年、樂十五年、道理通りにはいかない。是非、隠居するつもりである。決して、変更することはない」

過ぎた五五年を省みて、前半四〇年は勝手向の不如意などから苦労したが、近年は国政も安定しつつあると述懐している。

世子元服と襲封　文化元年（一八〇四）一一月二三日、世子（鶴太郎）元服にあたり、治郷とともに登城して将軍家斉の諱の一字を賜り、名を斉恒《なりつね》と改めた。従四位下侍従出雲守に叙せられた。翌二年元日、治郷は、斎恒を伴い登城し、将軍に謁して年頭の挨拶をした。三日、京より使者が口宣《くぜん》位記《いき》・宣旨《せんじ》などを持って帰った。世子が国侯となるときのためであった。

同三年三月、斎恒が襲封し出羽守と号した。

引退前後　治郷は、引退前から、大崎の下屋敷入手のためにあれこれ手を打っていた。また、移り住んでからも、屋敷地の拡大に努めた。

引退の三年前、享和三年（一八〇三）に江戸の大崎下屋敷（品川区北品川五丁目）を相対替《あいたいがえ》(3)で入手した。大崎下屋敷を手に入れるための、不昧の執念は並みのものではなかった。その様子をみよう。

まず、享和三年に、寛政十年に拝領した戸越《とごえ》村下屋敷（三千五百二十五坪）を手放して出羽上山藩松平山城守の拝領屋敷（八千四百三十七坪）と相対替した。次いで文化五年に、四谷仲町の拝領屋敷（五百坪）と旗本大久保家の大崎拝領下屋敷（三千五百四十五坪）と相対替した。しかし、これについては、「出入捷覧」の同年の部分に「大崎御隣屋敷、四ツ谷御中屋敷ト御替地御間金其外……九百八両」とある。どうも、「等価交換」は建前であったようだ。文化八年、残る飯野《いいの》藩保科《ほしな》家の拝領下屋敷（三千坪）を得るため、四者五か所の相対替を行い、赤坂御門外の拝領下屋敷を百坪・三百坪と切り離して交換した。次々と得た拝領地の北西に接する土地を抱地《かかえち》として囲い込むことで、大崎の下屋敷地が完成した。

苦心して得た広大な二一、九七五坪（七二、五一八㎡）の屋敷地は、不昧の夢が込められているようだ。「大崎屋敷分間惣御絵図面」**（口絵④）**[4]をみると、西（図上）から北（図右）にかけての高台部分に、回遊式の庭園がつくられ、茶室が点在している。園内の茶室は一一か所に置かれ、それぞれ松暝《しょうめい》・爲樂庵《いらくあん》・窺原《きげん》・簇々閣《そうそうかく》・眠雲《みんうん》・富士見《ふじみ》台《だい》（向峰《こうほう》）・一方庵《いっぽうあん》・清水茶屋《しみずちゃや》（閑雲《かんうん》）・紅葉台《もみじだい》（四散《しさん》）・独樂庵《どくらくあん》・利休堂《りきゅうどう》と名付けられていた。その内、独樂庵は千利休《せんのりきゅう》が京都の宇治田原に造った茶室で、大坂の阿波屋某が所持していたものを移築させたといい、第三節でもふれる。不昧没後の文政三年（一八二〇）に、大崎屋敷を訪れた陸奥《むつ》国白河《しらかわ》藩（福島県白河市）三代藩主松平定信《まつだいらさだのぶ》（樂翁《らくおう》、寛政の改革を行った）が、江戸の南画家谷文晁《たにぶんちょう》に描かせた『雲州侯大崎別業《べつぎょう》真景図巻』に、各茶室が描かれ理解しやすい。文政一二年に、越後《えちご》国村松《むらまつ》藩（新潟県村松町）の藩主一閑庵堀丹波も訪れ、丁寧な観察による記録『大崎名園の記』(5)を残しているのが注目される。案内者の説明を加えながら、一一か所の茶室については、庭を含む簡潔な平面図(簇々閣は立面図も)が描かれている。文中には、稲荷社で、小林如泥作の木彫の白狐を見ての感想もある。

『江戸大崎茶室詳細図』という図がある。明治時代の写本であるが、茶室や庭園の細部や材料が記載され、造作の様子が分かる貴重なものである。茶室松荷《しょうか》(眠雲)の説明には、小林如泥作の袖垣の記載がある。この他、大崎下屋敷については**文献70**に詳しい。

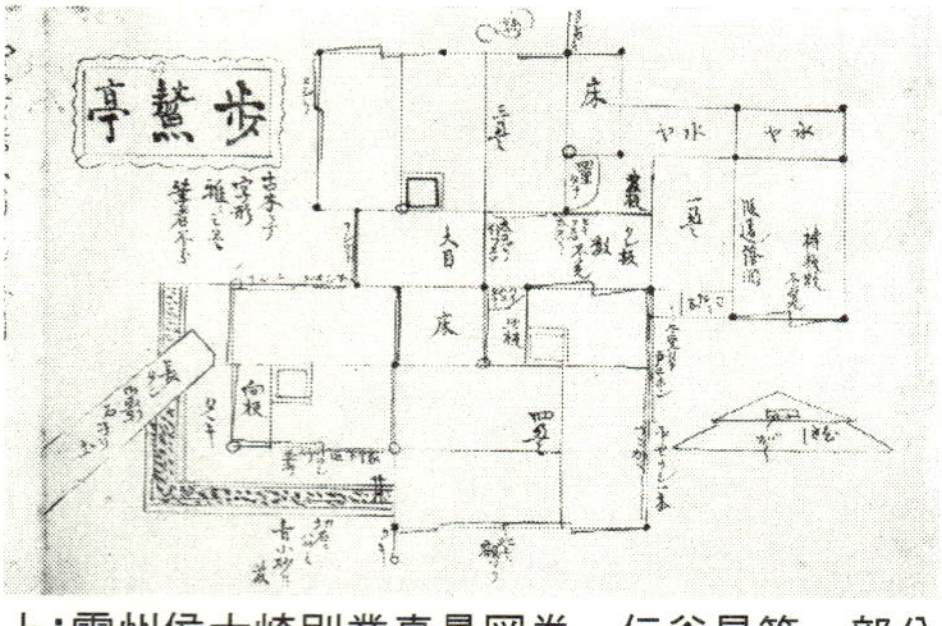

上：雲州侯大崎別業真景図巻　伝谷晁筆　部分
独樂庵（松江歴史館蔵）
下：江戸大崎茶屋詳細図　部分　独樂庵
（松江歴史館蔵）

稲荷社に納められた如泥作の杉狐像一対は杉材赤身で、白木玉眼の木目を生かした美麗なものであった。不昧はその出来栄えに満足し、金二百疋（二〇〇文＝二貫）を与えた。その原型（**口絵⑥**）が松江の城山稲荷神社にある。文化一〇年（一八一三）四月五日、如泥は大崎にやって来て書院に欄間を取り付けている。その如泥は同年一〇月二七日に死んでしまった。

『大崎名園の記』に「なべて上方《かみがた》風を写されたる所多く、江戸風には見えずして」とか、「木品はみな木地にして、なぐり多くあれど、江戸職人の作りたるとは違ひ、これなんなぐりと云はまし。」と記されている。茶室を作るため、上方の職人が呼ばれ、洗練された数寄屋普請が心がけられていたことが分かる。

（1）恐らく、不昧自作の物か、松江の職人が作った品と思われる。
（2）他の号に、斗門・蘭室・笠澤、長じて笊籬・一推舎・雪羽・未央庵・一閑子・一々斎・独楽・宗納があるが、本書では不昧を用いる。
（3）拝領地（屋敷）どうしの交換で、現在の用語では等価交換にあたる。
（4）敷地内に、東館・西館の御屋敷や七つの蔵、住宅などと一一の茶室が建つ。
（5）**文献20**に全文掲載されている。

第二節　禅と茶道

不昧は、前述のとおり、一九歳になって天真寺《てんしんじ》の大巓宗碩《だいてんそうせき》に禅を学んだ。

大巓宗碩との交わりと不昧の号　江戸麻布（港区麻布）の佛陀山《ぶっださん》天真寺には、藩祖高真院《こうしんいん》（直政《なおまさ》）の夫人慶泰院《けいたいいん》の墓と第三代隆元院（綱近《つなちか》）の夫人泰雍院《たいよういん》の墓があった。治郷は、度々参詣するうちに大巓和尚と親しくなり、ついに和尚に師事し禅の道を歩むことになった。

六年で悟入《ごにゅう》したという。不昧の号は、大巓宗碩和尚の命名による。南宋《なんそう》の無門慧開禅師の著『無門関』の百丈野狐《ひゃくじょうやこ》章の「不落因果、為甚堕野狐、不昧因果、為甚脱野狐」からとっている。

天真寺に、大きな円の中に「不昧」の二字を書いた書がある。これは、不昧筆「円相」といわれるものである。以下、『天真寺の文化財』の説明を転記しよう。「上部に松平不昧の禅学修行の過程とその見解を説いた賛がある。これによって不昧と禅、不昧と大巓和尚の関係が明らかにされる。賛文の内容は、数年の間、不昧は円相の公案に思い悩み、やがて豁然として一事を悟り、茶の根本は禅にあり、禅を修めなくば、真に茶を行うに非ずという、いわゆる茶禅一味の境地に達したことを示している。東陽宗冕《とうようそうべん》[1]和尚の箱書により文化一四年（一八一七）不昧六六歳の筆跡であることが知れる。」

天真寺には、不昧の残した書状も数々ある。その内の一点を紹介しよう。東陽和尚にあてた「円相」に関してのものである。「円相」の中に不昧と書くことに躊《ちゅう》躇《ちょ》して和尚の指示を仰いでいるのが興味深い。この「円相賛」は、茶禅一味の境地を表している。

不昧が治郷といった時代の安永六年（一七七七）、大巓和尚の隠

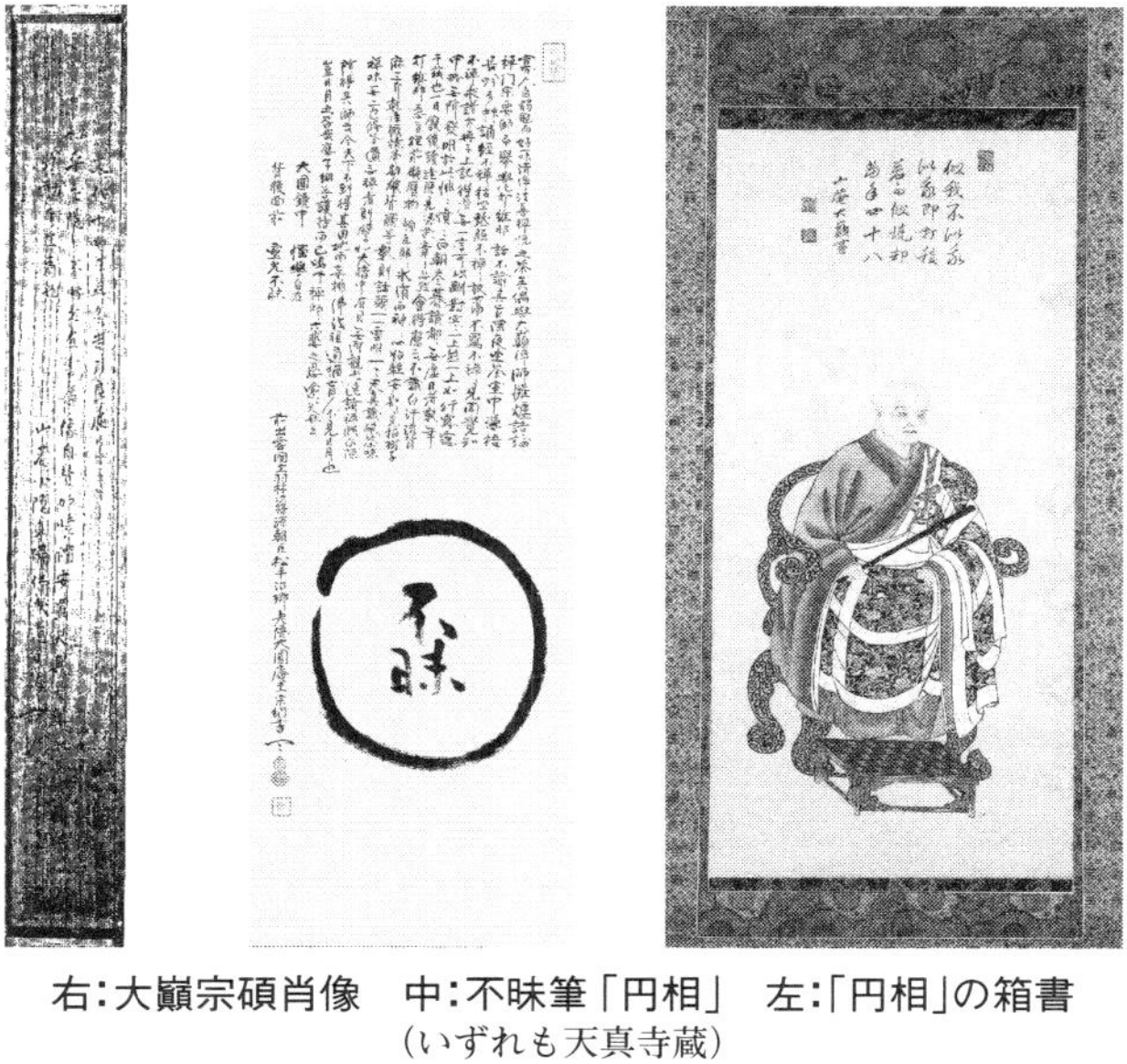

右：大巓宗碩肖像　中：不昧筆「円相」　左：「円相」の箱書
（いずれも天真寺蔵）

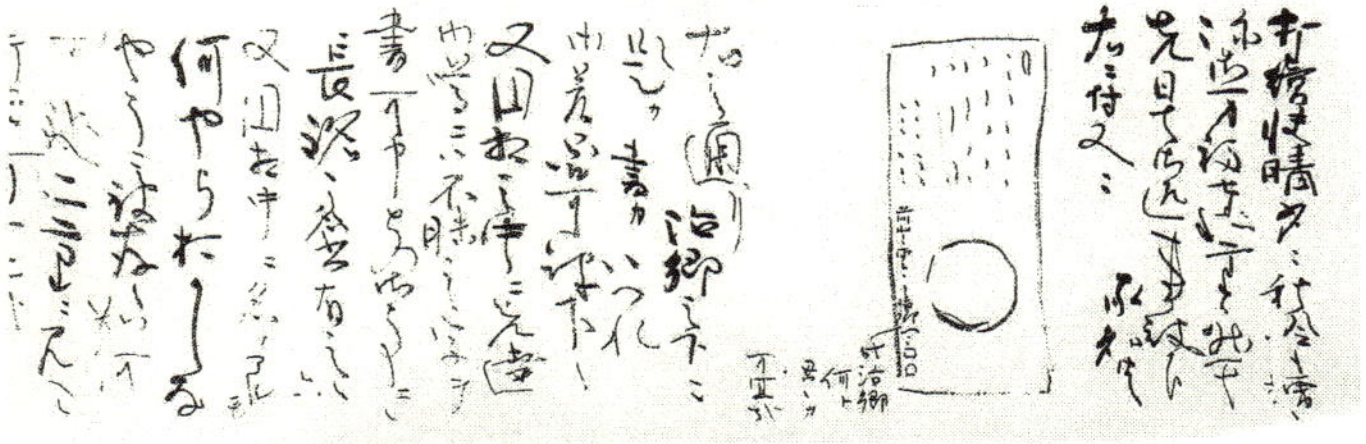

不昧の東陽宗冕あて書状（天真寺蔵）

居所「山庵《さんあん》」を多摩川沿いの向丘《むかおか》村菅生《すがお》（川崎市菅生）に建て寄進した。和尚は、東陽宗冕に天真寺を譲ってここに移った。治郷は、自ら山庵内に「洞山過水」の図を描き、和尚が大変喜んだと伝わる。

山城国紫野大徳寺の塔頭《たっちゅう》孤篷庵《こほうあん》（2）（京都市北区）は小堀遠州の設計であるが、その寮舎禅徳庵が久しく中絶しているのをみて、これを再興して大円庵と改称し不昧の廟所とした。大円庵に、雪舟の円相の軸（163頁）が秘蔵されていた。この箱の蓋の表裏に自賛（3）している。

大崎屋敷での生活　一一か所の茶室で茶会を催し、中でも不昧が殊に愛した独樂庵・爲樂庵の利用が多かったという。

寛政九年から没前年の文化一四年にいたる二一年間に二百回前後の茶会が催されている。年平均約一〇回ということになる。招待に応じて参加した人物を記した『茶友録』（『松平不昧伝』掲載）に、諸侯・茶人・俳人・骨董商人の名がある。不昧自らが客人を招待し、小姓くらいが手伝いをする程度であった。会席料理も自ら給仕し、かつ、これに相伴すべきものにあらずと定められていた。茶道・禅学を談ずることがあるのも、決して世俗の雑事に流されないようにするための定めであった。また、文化三年から一四年にかけて行われた茶会の記録『大崎茶屋懐石記』には、茶室・道具・客の名前が記されている。

『松平不昧伝』に、嘉永六年（一八五三）のペリー来航に慌てふためいた幕府は、江《え》川太郎左衛門《がわたろうざえもん》の提案で、品川沖に台場《だいば》を築くため、この屋敷地を公収して陣屋にし、数《あま》多《た》の茶室を壊し、庭石は台場《だいば》を築くのに使用したとある。強烈な皮肉が込められているようだ。歴史学者桑田忠親《くわたただちか》氏は、「当時の松江藩主松平定安《さだやす》が、俊英《しゅんえい》の気風に富み、幕府当局から警戒されていたので、むしろ刑罰的な処分であったともいわれている。」と記述している（**文献5**）。

今に残された切絵図を見ると、同年一〇月に、鳥取《とっとり》藩池田《いけだ》家が拝領し同家の、下屋敷地となっている。抱地部分はそのまま松平家のものとして残されている。池田家の大崎下屋敷絵図を見ると、御殿部分と長屋部分は、松平家とほぼ同じであるが、茶室は取り払われている。確かに、品川台場は造られた。徳川将軍家の「品川御殿」に由来する桜の名所「御殿山《ごてんやま》」の北半分は台場の土取場となっている。土取場と池田家下屋敷は近い。下屋敷から庭石のみを運び出したのだろうか。ちょっと信じ難い。品川歴史館解説シートには、「建造資材の杭木（松・杉）は関東地方の御林《おはやし》で調達し、石材は相模・伊豆・駿河から海上で輸送し、土砂は品川御殿山、高輪今治《たかなわいまばり》藩下屋敷、泉岳寺《せんがくじ》の山を切り崩して運び、……」とある。

平成一六年（二〇〇四）の部分的発掘で、眠雲（松荷）と東館の間と思われる位置で石畳状通路跡が検出された。東西方向に走る幅七〇〜八〇cmのもので、一九世紀前半以降のものと推定されている。あるいは、不昧の時代の遺構かもしれない。

筆者は、当該地を歩いてみたが、ビル群の密集地で、かつての面影を想像することはできなかった。しかし、現在の町並み（道路による区画）を地形図等で確認した結果、北品川五丁目の御殿山幼稚園を含んだ一画の東側部分であることを知った。

不昧の茶道　文化一三年に書かれた、斎恒《なりつね》

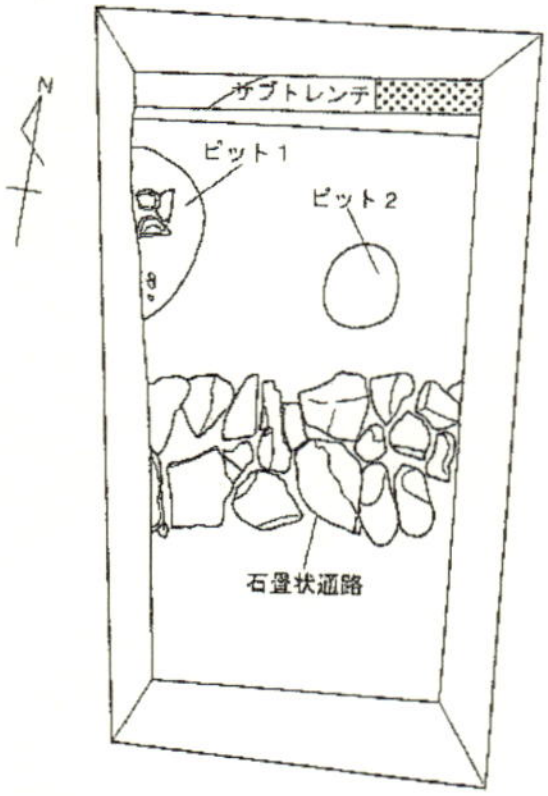

発掘された大崎下屋敷の石畳状通路（文献53より転載）

あての遺書に「……（自分は）若い時より茶を好み、茶禅一味であることをわきまえた。世に数寄者《すきもの》ありというが、道を心得ていない。茶を好むのみで、道は俗人の評判するものではなく、禅坊主といっても、禅とは何のことか知らない者が多い……」とあり、具体的な表現で、不昧の茶道は、禅と不即不離のものであることを示している。

第一章で述べたように、幕府の茶道師範石州流《せきしゅうりゅう》の半寸庵三代伊佐幸琢《いさこうたく》に入門して研鑚を重ねた。明和七年（一七七〇）一二月に、京都の宗幽《そうゆう》(4)から千利休《せんのりきゅう》(5)以来の秘伝一畳台目秘事《いちじょうだいめ》を授かった。その後、多くの茶書を渉猟《しょうりょう》し、比較研究した。とりわけ石州流で学んだことから、あらゆる文化に接し識見を広め、熟達《じゅくたつ》し、大名としての人格陶冶を強調する部分に心が捉えられ、これを実践して大名茶道を求めた。一時は「諸流みな我が流」と言ったが、晩年には独自の茶道観にいたっている。不昧の幅広い茶道観を示すものとして、門弟酒井忠以《さかいただざね》（姫路藩酒井家二代藩主・宗雅・一得庵）あての文がある。

「露地《ろじ》数寄は宗旦《そうたん》(6)どの、好の物は宗甫《そうほ》(7)どの、茶の湯の法は宗関《そうかん》(8)どの、一人にしたらば天下一也。その心にて修行すべし。

茶の湯とはただ湯をわかし、茶をたてて飲むばかりなる元をしるべし。この歌は

茶の眼也」**（口絵⑨参照）**

治郷は、茶の湯を究めながら、茶道の本質は禅道に依存することを認識していた。知《ち》足《そく》と悟道《ごどう》を求め、禅道に傾注した。大巓和尚や東陽和尚の他に京都大徳寺《だいとくじ》の無学宗衍《そうえん》和尚や鎌倉圓覚寺《えんかくじ》の誠拙周樗和尚など多くの高僧と親交を結び、茶の妙諦《みょうてい》と知足のなんたるかを自得し、茶禅一味を追求し、治世に反映させた。治郷にとって、禅道の研鑽《けんさん》は人間形成の重要な支えで、生涯にわたって続けられた。

茶道名器類の蒐集　雲州名物と言われる茶道名器類は、不昧がその生涯をかけて蒐収《しゅうしゅう》し愛玩したものである。治郷が本格的に名器を集め始めたのは、安永三年（一七七四）、二三歳のときである。天明四年（一七八四）三月二四日、若年寄田沼意知《たぬまおきとも》が佐野政言《さのまさこと》に斬りつけられ、その後田沼は失脚した。田沼蔵品の放出、江戸の豪商冬木の倒産があり、全国的な天候の不順により、諸名家からの放出品が多かった。治郷は、このチャンスを逃すことなく、名品を購入したのであった。この頃の松江藩の会計状況がかなり好転していたのは、前章第四節「天明の飢饉と財政健全化へ」で述べたとおりである。宝物の筆頭に位する茶入《ちゃいれ》「油屋肩衝《あぶらやかたつき》」（重要文化財）は、位金（相場）一万両を千五百両で入手し、「圜悟克勤墨蹟《えんごこくごんぼくせき》」（国宝）[9]は一千両に年々米三十表を永代寄付の約束で堺の祥雲寺《しょううんじ》から譲りうけている。参勤交代の時は、圜悟克勤墨蹟・油屋肩衝と虚堂智愚墨《きどうちぐぼく》蹟《せき》（重要文化財）(10)・鑓《やり》の鞘《さや》茶入(11)をそれぞれ錠前付角金具《じょうまえつきかどかなぐ》を打った二つの特製笈櫃《おいびつ》に収納し、侍臣二名に背負わせ、常に自分の輿《こし》に随伴《ずいはん》させた。宿舎の本陣に着くと、次の間《ま》の床《とこ》に安置し、不寝番《ふしんばん》の警護がついた。それほど、大切に扱っていた。

門前市をなした田沼家失脚により、にわかに閑古鳥《かんこどり》が鳴くようになった。『松平不昧伝』には、治郷は、幕府の重責にあった人物が奇禍《きか》に曹禺《そうぐう》したのをみて、惻隠《そくいん》の情を禁ずることが出来ず、田沼家を訪ねたとある。雲州の太守出羽守の訪問を伝え聞いた諸侯中にもならう者が出てきた。田沼氏、家督一万石を赦《ゆる》されたことは、治郷の恩義によると言われていた。田沼、深く治郷の徳に感動し、珍奇なる茶器類その他を贈ったという。治郷は、相当の価をもってこれに報いたともある。

不昧は、長年かかって蒐収した茶道名器類を斎恒に譲ることにし、「道具帖」（**譲帳　口絵⑤**）を書いた。これが『雲州蔵帳《うんしゅうくらちょう》』(12)と称され、印刷されて現在流布している。所蔵品を「宝物」、「大名物」、「中興名物」、「名物並」、「上の部」、「中の部」、「下の部」の七段階に分類している。斎恒に与えた譲状《ゆずりじょう》に、「宝物より上之部道具に至る品々相譲申候、孫々まで申伝え一種も他へ出されまじき者也」とある。また、月照寺に残された遺言控え（全五冊）には、圜悟克勤墨蹟と油屋肩衝は「天下の名物にて日本国の宝物」とある。譲状を渡しても、大崎の屋敷の七棟の宝蔵に納めたままである。毎年一〇月の好日に、数点ずつ蔵から出して曝涼《ばくりょう》することによって、器物を観察し、手入れをしたりした。正に、今日で言うところの文化財保護の先駆者《せんくしゃ》と言うべきである。現在、国宝となっている白糸威大鎧《しろいとおどしおおよろい》（出雲市大社町・日御碕神社）も、文化二年（一八〇五）治郷によって周到な修理が行われている。

不昧の作品

治郷は、自ら創作活動に努めた。以下、主なものを紹介しよう。

著作や随想　著述も多い。郷保が治郷の茶道に熱中するのを風刺《ふうし》したり、儒臣宇佐美恵助《うさみえすけ》が嘆いて、『慎微《しんび》』を書き茶事の弊害《へいがい》を説いたところ、『贅言《むだごと》』を書いて反駁《はんばく》している。この中に「……世の中の茶人に、大先生といわれる程の人々、釜一つ持てば茶の湯はなるということを、よく聞き覚えて知りながら、世につられて、本質を失うこと笑止千万《しょうしせんばん》である。今の世の茶の湯茶の湯というのは、甚《はなは》だ悪道で驕《おご》りへ至ることになる。これについての悪《あ》しきことは、様々ある。まず高慢《こうまん》になって行き過ぎることになる。道具好《どうぐこの》みをする人は、盗人根性《ぬすっとこんじょう》になり、人をだますことを心がけることになるものなり。……お茶好きの人は、本質をわきまえている師匠《ししょう》について稽古したらよい。今は、本質をわきまえている人は少ない。ただ閑事庵(13)の先生こそ、自分の思いと同じである。この先生について修行あれ……こういうのも誠のむだごとである」とある。茶道の本質を明らかにし、世間で行われる茶道の弊害を指摘した。二〇歳のときであった。郷保は、これを読んで、終生、茶事に物申すことはなかった。治郷のこの精神は、生涯変わることなく、当初からその弊害のあることを看破《かんぱ》して茶事に親しんだ。また、国政をいい加減にしないで、この精神を却って治国の秘訣《ひけつ》とした。しかし、数年後一転して道具蒐集《しゅうしゅう》を始めた。多くの茶道具が心無い人に渡って散逸するのを惜しみ、天下国家の宝を永く保存することを旗印としたのであった。

治郷が陶斎尚古老人の匿名《とくめい》で、寛政元年（一七八九）から同九年までに刊行した『古今名物類聚《こんめいぶつるいじゅう》』一八冊（**口絵⑧**）は、図入り名物記の集大成で、江戸時代に刊行されたものとして最も大部なものであるという。茶道名物を初めて学問的に取り上げて分類した労作である。古今の伝来茶入を系統的に分類整理し、名物の格付を確定したものである。中興名物・大名物茶入・後窯・国焼・天目茶碗・楽焼茶碗・雑記・拾遺・名物切の八部の構成となっている。編纂《へんさん》にあたって、これまでの名物を照合し、特徴を記入し、主なものは挿図を入れ着色するなど、当時では画期的な豪華本であった。東部書林椒堂須原屋市兵衛から刊行された。大変人気があったようで、のちに増刷されている。

文化八年（一八一一）六一歳で書いた研究書『瀬戸陶器濫觴《せとうきらんしょう》』は、わが国に伝来する和漢《わかん》の茶入を分類・整理・論評した記録で、三巻からなる自筆本である。奥付《おくづけ》に本書をまとめた意図が明白に示されている。数々の名物茶器を収めて、『雲州蔵帳』の充実に尽力した江戸の茶道具商伏見屋甚右衛門に与えたものである。名物茶入の鑑賞《かんしょう》基準が複雑化し、混迷を招いていた。茶入が中国産か日本産か、あるいは伝来や特徴・系統分類の必要に迫《せま》られていた。

晩年の不昧が、「茶の湯に心を寄する人に送るもの也」として、『茶礎』に、「茶の湯は稲葉の朝露のようなもので、枯野に咲いたなでしこにありたく思う。この味をかみわければ数寄道を得ることができる。……客の心になって亭主せよ。習ったことにとらわれ、道理に絡まれ、堅苦しい茶人は田舎茶の湯と笑ってしまう。我が流儀立てるべからず。諸流皆我が流で、別に流派を立てない覚悟である」と書いている。

工芸品　各種茶道具などの制作も行っている。その内何点かを紹介しよう。図示したこ

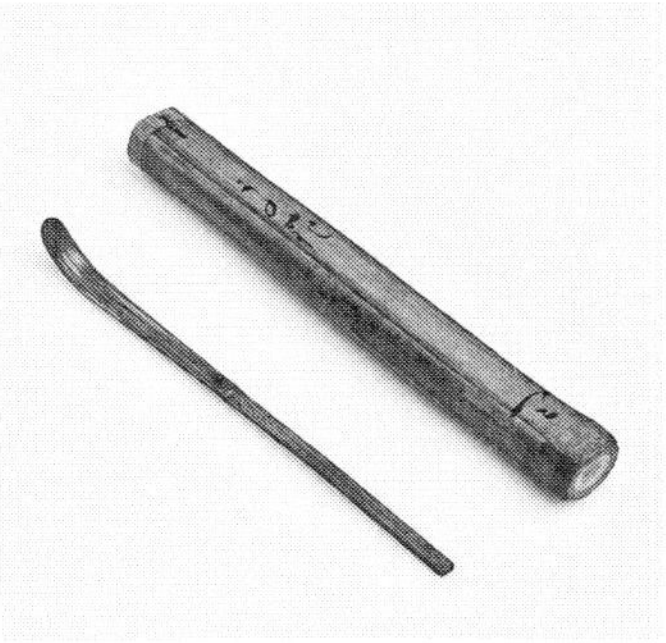

茶杓　銘「うの花」
（松江歴史館蔵）

赤茶碗　銘「曙」
（個人蔵）

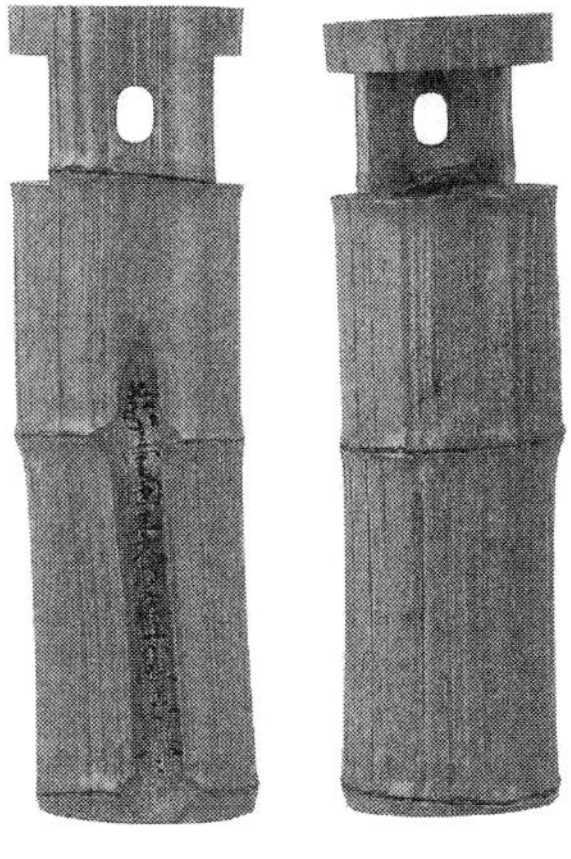

一重切花生　銘「西来」
（個人蔵）

古瀬戸禾手茶入　銘「朝露」
（蒐古館蔵）

不昧自作

の赤茶碗は、薄作りの手作りで、淡い釉がかかり、指の跡が見える。陶土は近くの加茂（雲南市加茂町）のお止め土で焼き締まっている。不昧は、晩年在国のとき玉造温泉（松江市玉湯町）に湯治に行くのを楽しみにしていた。そこで執筆や読書または茶杓《ちゃしゃく》や竹花筒を作り、さらに、近くの布志名《ふじな》窯の土屋雲善を召して茶碗や香合の手てびねりを作った。茶杓銘「うの花」は、ゆったりと曲げた櫂先《かいさき》から切止までまっすぐな中節の茶杓で、節上には樋《ひ》が入ったごま竹を使っている。筒は上下が面取《めんと》りに杉材の詰に〆印を書き、やや太めの筆跡の銘と花押《かおう》がある。箱には、杉柾目《まさめ》面取に「自作茶杓」の墨書がある。一重《ひとえ》切花生《ぎりはないけ》はシボ竹で作った珍しい物である。銘の「西来《さいらい》」は達磨《だるま》西来からとったもので、裏側に「前出雲国主大円庵不昧造之花押」と不昧流の流麗《りゅうれい》な長文の書名がある。退隠しても、雲州の太守としての矜持《きょうじ》が窺える。

（1）大巓《だいてん》和尚の後継僧侶。

（2）臨済宗大徳寺境内にある塔頭《たっちゅう》の一つ。慶長一七年（一六一二）、同寺内の塔頭竜光院《りゅうこういん》に、小堀《こぼり》遠州《えんしゅう》が創建したのが始まりで、寛永二〇年（一六四三）に現在地に移転したという。庭園は遠州が造り、寛政年間（一七八九〜一八〇一）に、治郷が復興・修理した。

（3）表に「大円庵前出雲国主羽林次将不昧宗納居士像一軸」、裏に「這箇《しゃこ》円相　多論円方　不方不

円　松平治郷」と文化一三年（一八一六）の讃がある。恐らく、最後に松江に向かったとき、寄り道して記入したと思われる。

（4）片桐宗幽。享保一一年（一七二六）～天明三年（一七八三）、石州流の茶人。宗幽は法号、茶号。名は友従《ともゆき》。別の名は虎之助、民部、帯刀。

（5）安土・桃山時代の茶人。堺三十六人会合衆《えごうしゅう》（納屋衆《なや》）の魚問屋田中家一忠了専の子。祖父千阿弥が将軍足利義政の同朋衆《どうぼう》であったと伝える。その一字をとって千を称したという。

（6）千家三代。天正六年（一五七八）～万治元年（一六五八）。

（7）小堀遠州《こぼりえんしゅう》のこと。（第一章第一節の脚注2参照）

（8）片桐石州。石州流の流祖。慶長一〇年（一六〇五）～延宝元年（一六七三）

（9）中国宋代の禅僧圜悟克勤（一〇六三～一一三五）が、その弟子虎丘紹隆《くきゅうじょうりゅう》に与えた印可状の前半である。末尾には宣和六年（一一二四）一二月とあったが、伊達政宗の所望で、古田織部《ふるたおりべ》によって分割され、後半が伊達家に渡ったと伝えられている。現存最古の墨跡である。禅がインドから中国に渡り、宋《そう》代に及んで分派した経緯を述べ、禅の精神を説く。薩摩坊ノ津《ぼうのつ》海岸に漂着したとの伝承から「流れ圜悟」の異称もある。

（10）虚堂智愚《きどうちぐ》（一一八五～一二六九）が悟翁郷友禅師《こおうきょうゆうぜんじ》にあてた尺牘（漢文で書かれた手紙、東京国立博物館蔵）である。日本から遊学した南浦紹明《なんぽしょうみょう》が、文中の「明知客」して登場する。紹明は、正元元年（一二五九）に入宋《にっそう》、文永四年（一二六七）に帰国した。虚堂智愚は、四明象山の人。一六歳の時に普明寺師蘊《しうん》について出家、紹定二年（一二二九）に興聖寺に初住し、その後、育王《いおう》・浄慈《じんず》・径山《きんざん》）などの諸刹《しょさつ》に歴住し、宋の理宗と度宗の帰依を受けた高僧である。

(11)　小瀬戸肩衝。形状が細長く鐺の鞘に似ているところからこの名がある。

(12)　「雲州蔵帳」とは、蔵の管理人による不昧が所有した茶道具の記録のことであるが、他に出入りの道具商が控えに記録したものも多数ある。不昧が、斎恒に譲るための自筆の「道具譲帳」が最も重要視されている。

(13)　江戸時代中期の茶人。寛文六年（一六六六）生まれ。京都の糸割符《いとわっぷ》商人。山田宗徧《やまだそうへん》、あるいは七代千宗左の門人といわれる。数寄者として知られ、名品を所蔵し、鑑識《かんしき》にすぐれていた。

第三節　出雲で見る不昧ゆかりの茶室

出雲には、残された、または復元された不昧（治郷時代も含む）設計の茶室や治郷が好んだ茶室とか伝利休茶室他がある。公開されているものを以下簡単に紹介しよう。

明々庵　安永八年（一七七九）、治郷が二九歳のとき家老有澤家本邸（松江市殿町）に建てられた。治郷の好みによったもので、治郷もたびたび訪れている。「明々」は、中国・元《げん》の了庵清欲禅師の古喝「明々古仏心…」から命名されたという。腰掛待合（**口絵③**）を併せもつこの席の外観は、茅葺入母屋造《かやぶきいりもやづくり》の建物（**口絵①**）である。重厚な破風《はふ》に治郷筆の掛額「明々庵」がある。廂《ひさし》の下の躙口《にじりぐち》、刀掛けなど菅田庵《かんでんあん》に似ているが、二畳台目の席は通常の形と異なり、床は四尺床で奥行一尺五寸の狭い板床で床柱はまっす

明々庵の掛額　治郷筆（松江歴史館蔵）

二畳台目の席
右端の白の覆いは向う切りの炉

ぐな赤松皮付、下座《げざ》床《どこ》の二畳台目の席は中柱もなく、炉は向切りである。共通の水屋《みずや》をおいて四畳半の席を設け、南面する貴人口《きにんくち》が設けられている。昭和四一年（一九六六）、不昧公一五〇年祭を期して城が見える赤山《あかやま》の高台（松江市北堀町）に移築された。何度も移転の憂き目にあったが、良好に保存され庭園や待合も復元されている。

菅田庵　松江市菅田《すがた》町の高台にある。この地は、家老初代有澤織部直玄が直政から賜っ

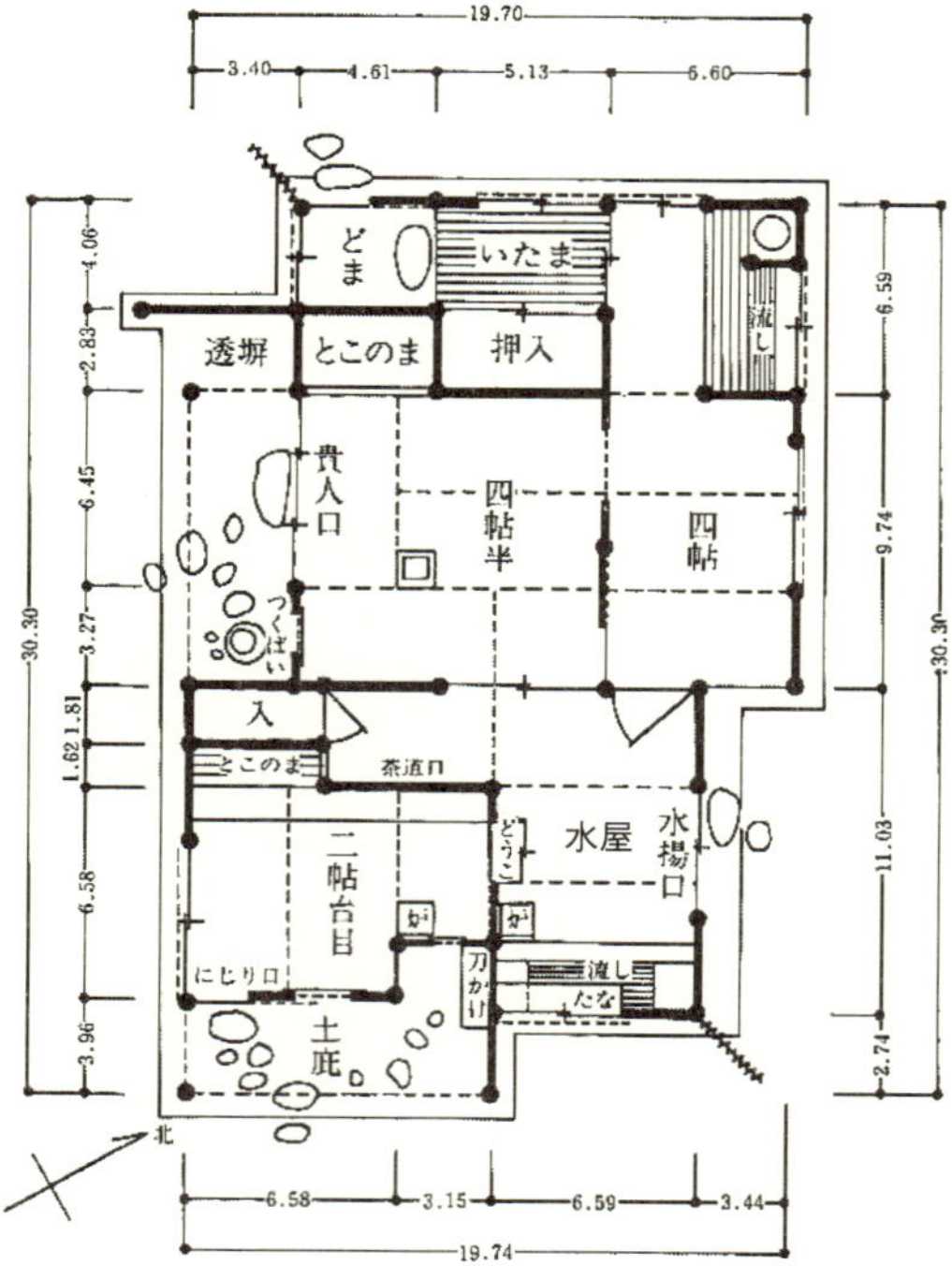

明々庵平面図（文献９より転載　一部加筆）

た台地で、山荘が設けられていた。寛政四年（一七九二）頃、六代式善《かずよし》のとき、治郷四二歳のときの設計で山荘内に菅田庵《かんでんあん》（向《こう》月亭《げってい》および御風呂屋）が建設された。この建物は茅葺の重厚な入母屋造で、破風に治郷筆の陶製丸額が掲げられ、その下に柿葺《こけらぶき》の廂《ひさし》があり、ここに躙口《にじりぐち》・刀掛け・蹲踞《つくばい》がある。草庵風の茶室である。間取りは一畳台目中板《なかいた》の席である。一畳台目という極小の空間であるが、点前座と客座の間に幅一尺四寸（約四二cm）の中板を入れ、東面躙口の上を幅広い連子窓《れんじまど》として光を取り入れることにより、狭さを感じさせない工夫がされている。中板と点前座の境には曲がりの強い中柱を立て、袖壁《そでかべ》を設けている。一

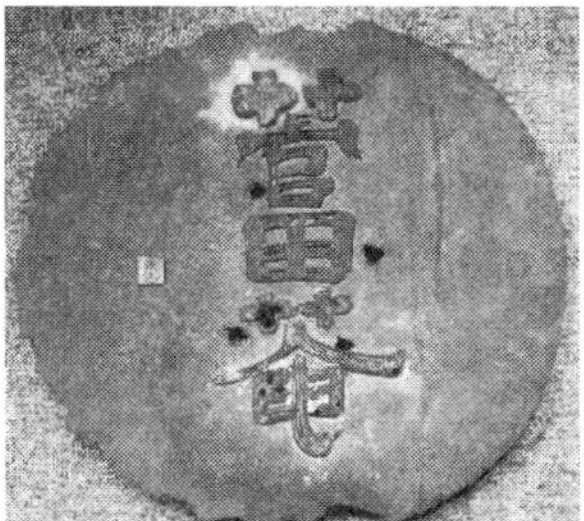

菅田庵の治郷筆陶製丸額
（文献70より転載）

草庵風の茶室　菅田庵
（重要文化財）

重の棚をつり、炉は隅切《すみきり》とする。床は洞床《ほらどこ》であるが、床框《とこがまち》があり一段高くなっている。侘びた雰囲気を演出しながら、新たな工夫もこらされ、治郷の代表作と評価されている

　菅田庵の西側に繋《つな》がる部分に、治郷の弟である為楽《いらく》庵雪川《あんせっせん》（衍親《のぶちか》）好みの茶室「向月亭《こうげつてい》」がある。また、別棟に蒸し風呂式の御風呂屋（茶室の待合を兼ねる）があり、現在はこれらを含む山荘全体の通称が菅田庵

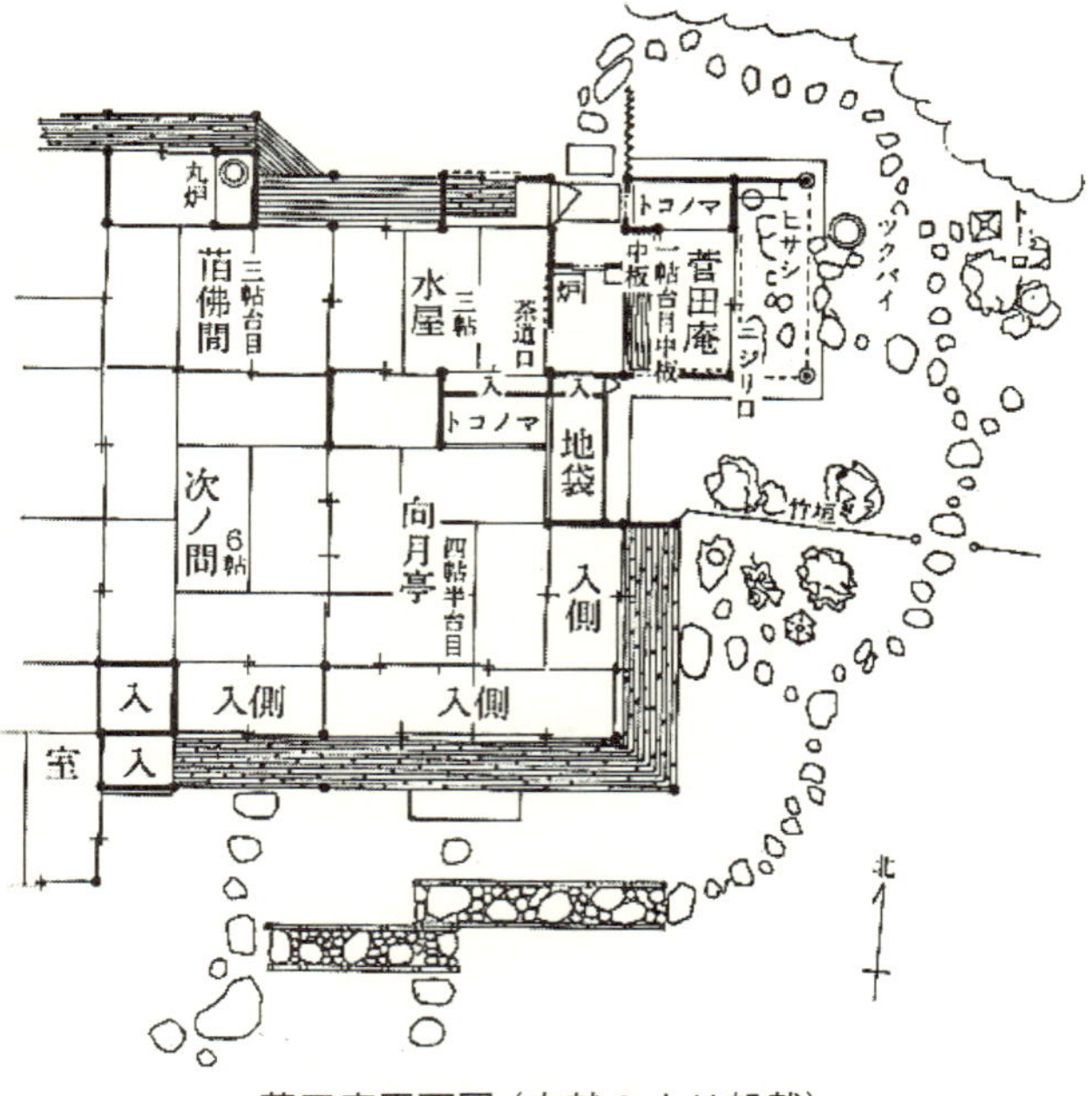

菅田庵平面図（文献９より転載）

となっている。向月亭は四畳半台目に入側縁《いりがわえん》をめぐらした主室のほか、六畳、八畳、くつろぎの間等から成る。

治郷は、鷹狩の途次《とじ》に立ち寄り、ひと汗流して茶を楽しんだと伝えられる。

観月庵　観月庵《かんげつあん》は普門院《ふもんいん》（松江市北田町）内にある。この寺は、松江城を築いた堀尾吉《ほりおよし》晴《はる》が、市成《いちなり》村（松江市西川津《にしかわつ》町）に創建した寺院で、願応寺と称した。その後、二代藩主忠晴《ただはる》が白潟《しらかた》寺町に移転させ、松高山普門院と改称した。しかし、延宝四年（一六七六）の大火で類焼したため、元禄二年（一六八九）、松平家三代藩主綱近《つなちか》が、松江城の鬼門《きもん》除《よ》けとして現在地に再建したと伝える。代々松平家の

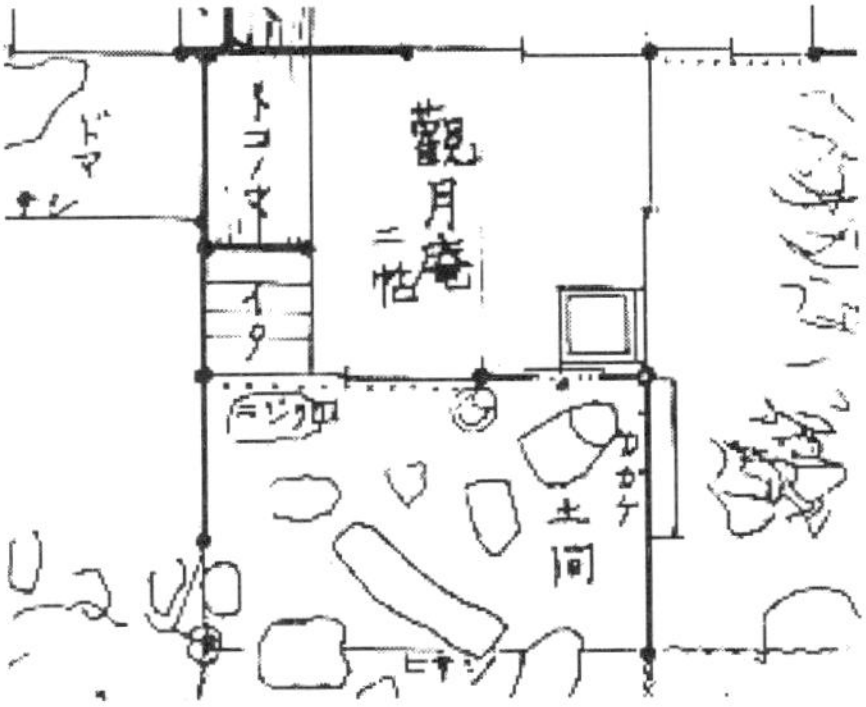

上：普門院　観月庵の平面図（文献４より転載）
下：普門院　観月庵　東から

祈願所として尊崇を受けた寺である。

観月庵は、治郷と親交のあった新井一掌《あらいいっしょう》（1）が設計したものを、門人普門院主恵海《えかい》法印が建設した三斎《さんさい》流《りゅう》の茶室である。二畳隅炉《すみろ》で、四畳半の席が隣接している。二畳の席にしては明るすぎる窓が、壁面いっぱいに開けられていた。観月が主体の建物であるからであろうと推定されていたが、近年修復された際、かつて丸窓であったことが判明したので、こぢんまりとした丸窓に変更されたという。治郷も度々、舟で訪れ茶事を催し、二畳の席に一間の深い廂をつけた内露地のあたりを賞したという。

観月庵の深い庇をつけた内露地

独樂庵　本章の第一節で述べた、大崎下屋敷の独樂庵《どくらくあん》が出雲文化伝承館（出雲市浜町）に復元されている。利休が宇治の田原に天正年中（一五七三〜九二）に構築したとされる一畳台目の茶室で、「独樂庵」は京都大徳寺大休禅師の命名によるという。茶道では究極の席とされ、柱は豊崎宮（大阪市北区）の明橋として知られていた長柄の橋杭三本を秀吉の許可を得て使用したと伝えられている。不昧がこの席を入手したときは、既に三畳台目の船越伊予(2)席と裏千家六世千泰叟《たいそう》好みの席が組み込まれている。これらの席に三関三露(3)の大名好みの露地を創作して付けている。

不昧が最も大切にした茶室で使用回数も多かった。西館の居間に最も近い位置にある。『大円庵会記』(4)によると、文化三～一四年の、五九回の茶会の内二三回が独樂庵で行われている。万一の大火から護るため、鹿革のなめし袋で覆う用意をしていたという。

平成三年（一九九一）に、『大崎名園の記』・『雲州侯大崎別業《べつぎょう》真景図巻』・『江戸大崎茶室詳細図』他の基本的史・資料を基にした中村昌生氏の設計によって復元された。

前述したように、品川沖に台場を築くため、大崎の屋敷地が没収され数多の茶室が壊されたと伝わるが、不昧が特別愛用した独樂庵だけは深川（江東区）の下

出雲文化伝承館に復元された独樂庵

屋敷に移されたという。しかし、安政元年（一八五四）に下田沖で大地震が発生し、大津波で屋敷は冠水して茶室は流失したという。

以上の復元独樂庵とは別に、東京都八王子市にある懐石料亭美さき苑にも建てられているという。興味ある方は両物件を見比べるのもよいかもしれない。

伝利休茶室　この茶室は木幡家《こわたけ》（松江市宍道町）に伝わっていたが、松江歴史館建設にあたり、同館に移築・再現されている。

この茶室の来歴には、二通り言い伝えがある。一つは、福島正則《ふくしままさのり》が利休から譲り受け、これが大橋茂右衛門《おおはしもえもん》に渡り、次に木幡家が譲り受けたというものである。二つ目は、堀《ほり》尾吉晴《およしはる》が千利休《せんのりきゅう》から餞《はなむけ》に茶室を贈られ、これが家臣の堀尾但馬《たじま》に渡り、さらに大橋茂右衛門が所持することになり、明治になって木幡家に伝わったという流れである。

初代大橋茂右衛門は、福島正則の信任を厚く受けていた家臣であった。福島正則が、広島城を無届出修築したことがきっかけとなり、安芸《あき》・備後の二国を没収されることになるが、このとき幕府との折衝に努めたのが大橋茂右衛門であった。福島正則は、陸奥《むつ》津軽《つがる》へ転封となり、さらに信濃高井郡高井野村で蟄居《ちっきょ》の身分となり、寛永元年（一六二四）に没した。大橋茂右衛門は、福島家が信州蟄居となったとき浪人となり、後に京《きょう》極《ごく》氏に仕え、さらに松平直政に招かれて松江藩の代々家老となっている。福島の転封時に、茶室を譲り受けたとも思えるが、確かなことは分からない。

なお、福島正則が加藤清正《かとうきよまさ》を招いたとき、清正の刀が長すぎて刀かけに納まらないので、壁に丸穴をあけたと伝わる。木幡家で解体保管中、八雲本陣主に、在りし日の面影をスケッチしてもらった図に、その穴が描かれている。

一方、堀尾但馬も後に松平家の家臣となった。堀尾但馬と大橋茂右衛門は親しかったと思われる。松江藩列士録によると、但馬を祖とする堀尾家は宝永二年（一七〇五）に断絶している。このとき茶室が大橋家へ移ったとも考えられる。いずれにしても、大橋家に引き継がれたのは間違いないようである。

大橋茂右衛門の屋敷は松江の東はずれに置かれていた。堀尾氏時代、藩の重鎮《じゅうちん》であっ

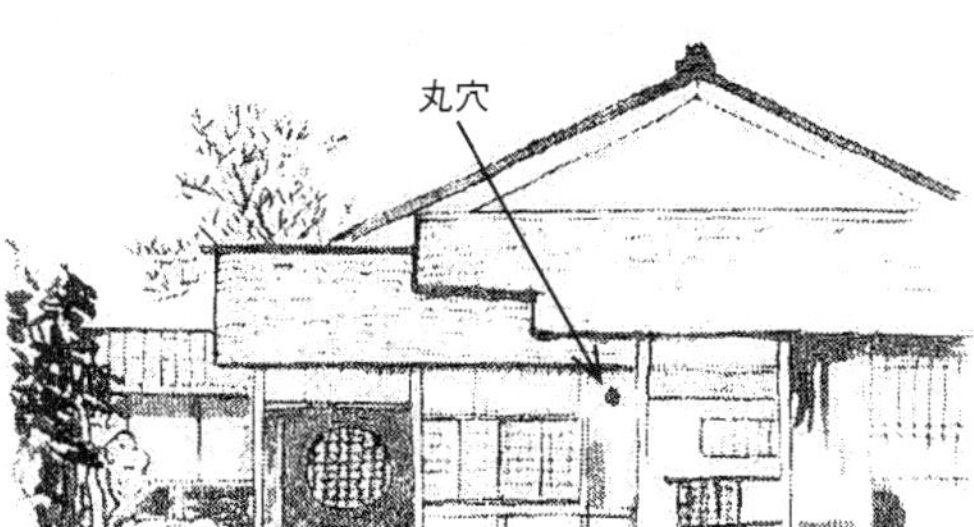

木幡家に移築された「伝利休茶室」の在りし日の面影　八雲本陣主によるスケッチ（文献４より転載加筆）
中央の四枚の障子の右上が、加藤清正の長刀がはみ出たと伝えられる部分

た堀尾修理《しゅり》の屋敷跡にあたる。松江城防衛上の重要な所であった。屋敷内のどこにどのように茶室が置かれていたかは分からないが、歴代藩主が訪れていた。治郷は、帰藩したときよく大橋家を訪れ、この茶室で茶を喫していた。この茶室の由来を知っていたのであろう。大変悦んでいたという。木幡家に伝えられた明治元年に描かれた「利休茶室古図面」は「伝利休茶室」に関する最も古い図面で、この図面に記された内容から、大橋家では、御成《おなり》座敷に接するか近くに建てられていたことがわかる。また、明治四四年三月と書かれた縮尺二〇分の一の起し絵図もあった。幕末に、山陰道鎮撫使事件《さんいんどうちんぶしじけん》（5）が起こる。この事件を穏便《おんびん》に抑えるため、八代大橋筑後高朗は切腹する覚悟で安来まで出かけた。しかし、松江藩に対する疑いは晴れて切腹しないで済んだ。後にこうした働きに対して一〇代藩主松平定安《さだやす》から偏諱《へんき》を授かり安幾《やすいく》と改名した。明治元年（一八六八）、松江藩にとって重要な役割を果たした大橋家が東京に移住したので、茶室は木幡家に移築された。しかし、明治四〇年、皇太子（後の大正天皇）の山陰道行啓があり、御昼休憩所に木幡家があてられた。茶室が、ちょうど連絡室の位置にあたったので解体され、再建されることはなかったという。

木幡家は、前章の「藩主と一族の旅・本陣の利用」で取り上げた家である。

利休茶室起し絵図
（文献48より転載）
（松江歴史館蔵）

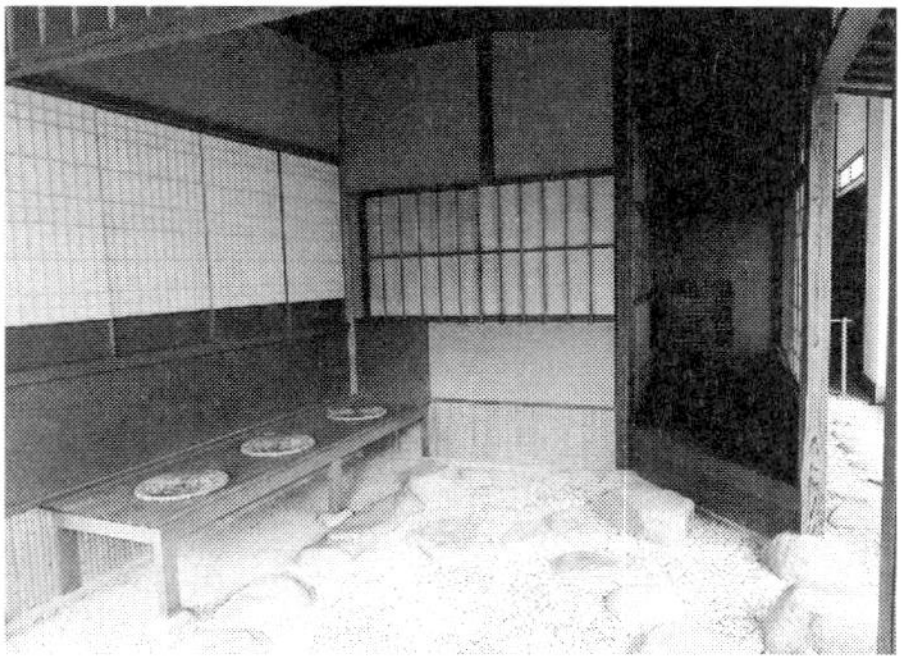

屋内化した待合

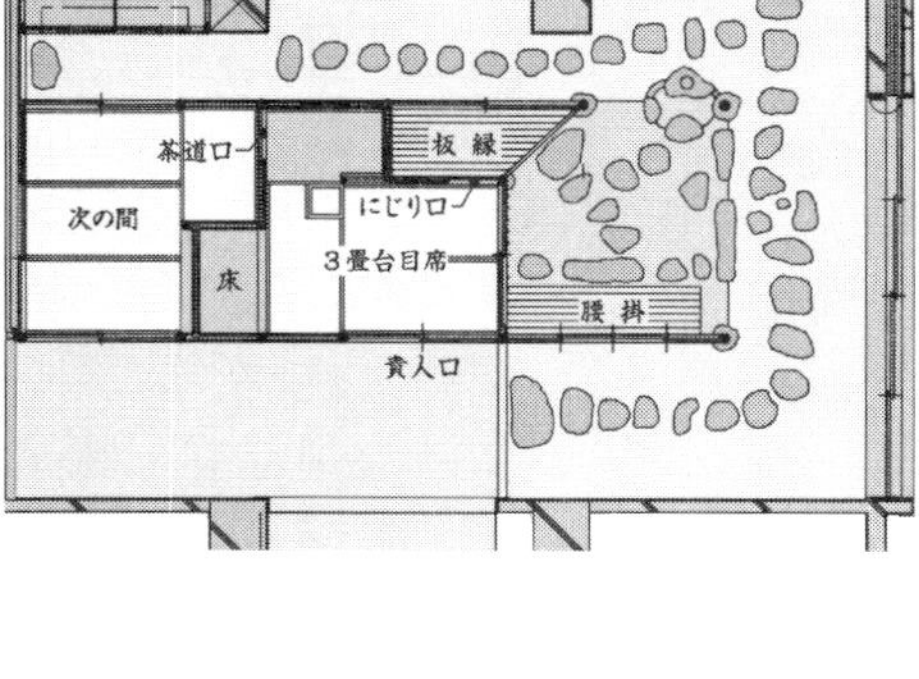

「伝利休茶室」の平面図（文献48より転載）

松江歴史館への移築・再現にあたって、都合のよいことに、丁寧に解体された部材は、一つひとつ紙に包まれて土蔵に保管されていた。また、後日のため、木幡家も「起し絵図」をつくっていた。こうした扱いは、「利休茶室古図面」とともに大いに役立ったようである。

桁行《けたゆき》四間半、梁間《はりま》一間半の片流れで、一間半四方の待合《まちあい》・茶室・水屋部分が一列に並んでまとまっている。茶室は三畳台目で、床は下座床《げざどこ》、炉は台目切《だいめぎり》である。茶道口《さどうぐち》は点前座の後方にあり、次の間につながる。

露地は茶室と一つ屋根に納まっている。言い換えると待合と一体化した露地が屋内化しているのである。この茶室の移築・再現については、和田嘉宥氏の著書（文献48）に詳しい。

不昧は、この茶室を「八つ窓の茶室」と称して、好みの茶室に加えている。八窓席と八窓庵という茶室は、多窓を好んだ織部・有楽[6]・遠州、あるいは宗和[7]の好みと伝えられるものが多い。不昧は、「利休茶室」と称されながら、織部好であり遠州好みの茶室であることを悟り、「八つ窓の茶室」と称したのではなかろうかと、和田嘉宥氏は推測している。

（1）江戸時代中期〜後期の茶人で、江戸麹町《こうじまち》で味噌商を営みながら三斎流《さんさいりゅう》を学んだ。不昧は一掌を信任することが厚かったという。一掌は、時々松江を訪れ茶道のためつくすことがあったという。

（2）船越宗舟《そうしゅう》のこと。徳川家康の小姓を経て作事奉行となる。従五位下伊予守。茶道を古田織部、小堀遠州にまなび片桐石州とならび称せられた。

（3）三つの関（門とか中潜《くぐり》）と外・中・内露地の三露地をそなえている。

（4）広瀬藩（安来市広瀬町）の茶道方、根土宗静が記録したもの。宗静は、不昧が晩年に信頼を寄せた付き人で、茶人であった。

（5）松江藩が、西園寺公望《さいおんじきんもち》を総督とする鎮撫使の不審を受け、四か条（①出雲国の半分を朝廷に返上する　②重役の死で謝罪する　③稚子を人質に出す　④戦いで決着をつける）の内のいずれを採るかという難題をもちかけられた事件。藩の努力その他で、何とか乗り切った。

（6）織田長益《おだながます》。別名「織田有楽斎」は戦国時代の茶人。織田信長の弟。現在ある東京有楽町の名前の元となったことでも有名。副業として武将もやっていた。

（7）金森宗和。飛騨高山城主金森出雲守可重の長男、名は重近。大徳寺に参禅して剃髪、宗和と号する。父から茶道を学び、のち宗和流を開き、侘び茶に対して姫宗和といわれ、天皇や公卿衆の茶湯に大いに貢献した。

コラム

小堀遠州の金地院八窓席

南禅寺《なんぜんじ》（京都市左京区）の塔頭《たっちゅう》金地院《こんちいん》は、徳川将軍（家康・秀忠・家光）の信任を得て政僧「黒衣の宰相《さいしょう》」といわれた以心崇伝《いしんすうでん》（1）（本光国師）の自坊である。

寛永初年には小堀遠州に金地院の作事を依頼し、茶室ほかの計画は寛永五年（一六二八）頃にできあがっていたらしいが、既にあった三畳台目の茶室に手を加えたものと言われている。

茶室は床と点前座が並んで配置され、これと向かい合う壁の中央寄りに躙口《にじりぐち》がある。躙口を中央よりに設けることで、床の方に進むと貴人座《きにんざ》、左の下座に相伴《しょうばん》席というように客の動線が二筋に分かれるが、遠州はこうした構えを好んでいたという。茶室と書院間は襖で分かれている。客はいったん縁に出て、縁から躙口

金地院八窓席内部
（京都市文化観光資源保護財団ＨＰより）

をくぐって茶室に入る。遠州は書院に接続する茶室をよくこのように設計したという。

　金地院の茶室を「八窓席」というが、墨蹟窓、袖壁の下地窓を合わせても六窓しかない。「八」を数の多いたとえに用いられるが、この茶室の場合もそうかもしれない。前述の「伝利休茶室」も三畳台目の茶室で六窓しかない。

　この茶室は、床柱の相手柱が壁から離れて独立して床は四尺床になっていて框《かまち》も黒塗りで、二枚襖は幅一間、蒲天《がまてん》

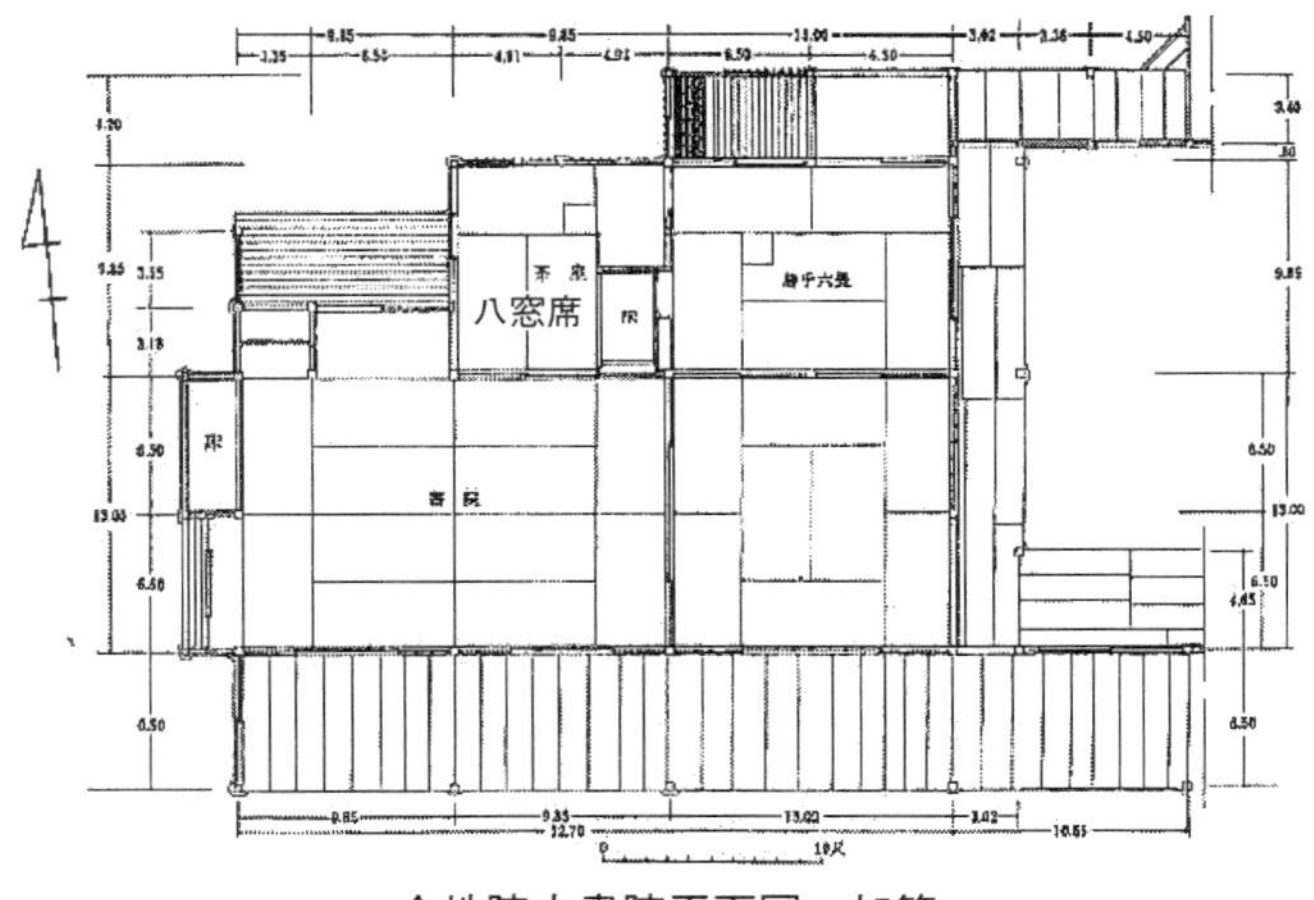

金地院小書院平面図　加筆
八窓席は書院北にある（文献48より転載）

井《じょう》の棹縁《さおぶち》は床指《とこさ》しとなっている。躙口の外側に縁がついている。「伝利休茶室」と似た作りになっている部分がいくつかあるという。（**文献48**をもとに記述した。）

（1）金地院崇伝《こんちいんすうでん》ともいう。臨済宗の禅僧。大坂の陣開戦の一つの原因となった、方広《ほうこう》寺《じ》（京都市東山区）大仏殿の鐘銘事件に関与したり、公家諸法度《くげしょはっと》・武家《ぶけ》諸法度などの制定にかかわった。最近、以心崇伝から松江藩の堀尾《ほりお》家二代藩主忠晴《ただはる》あての書状が発見された。「名物十六嶋《うっぷるい》のり一箱をお贈りいただき感謝します」という趣旨の礼状である。出雲市十六島町の岩場で採れる高級のりを忠晴は送っていたのである。

第四節　晩年の不昧

次世代への心配　在位中から斎恒の行状に悩まされていたようだ。家臣や斎恒本人にあてた書付からその様子を窺ってみよう。享和三年（一八〇三）、鶴太郎一三歳のとき守り役に、「鎗《やり》剣術稽古《けいこ》にあたり少々怪我をしてもいいから手抜きをしないように」という趣旨のことを伝えている。また、元服して出雲守に叙せられた斎恒が、朝寝をし夜更かしすることを不埒《ふらち》であると不快に思っている。そこで、「…朝五ツ時（八時）、夕飯八ツ時（午後二時）、寝候ハ四ツ半時（午後一一時）、夜食六ツ時（午後六時）と必可定、…」と家臣に命じている。斎恒本人に対しては、家格や縁

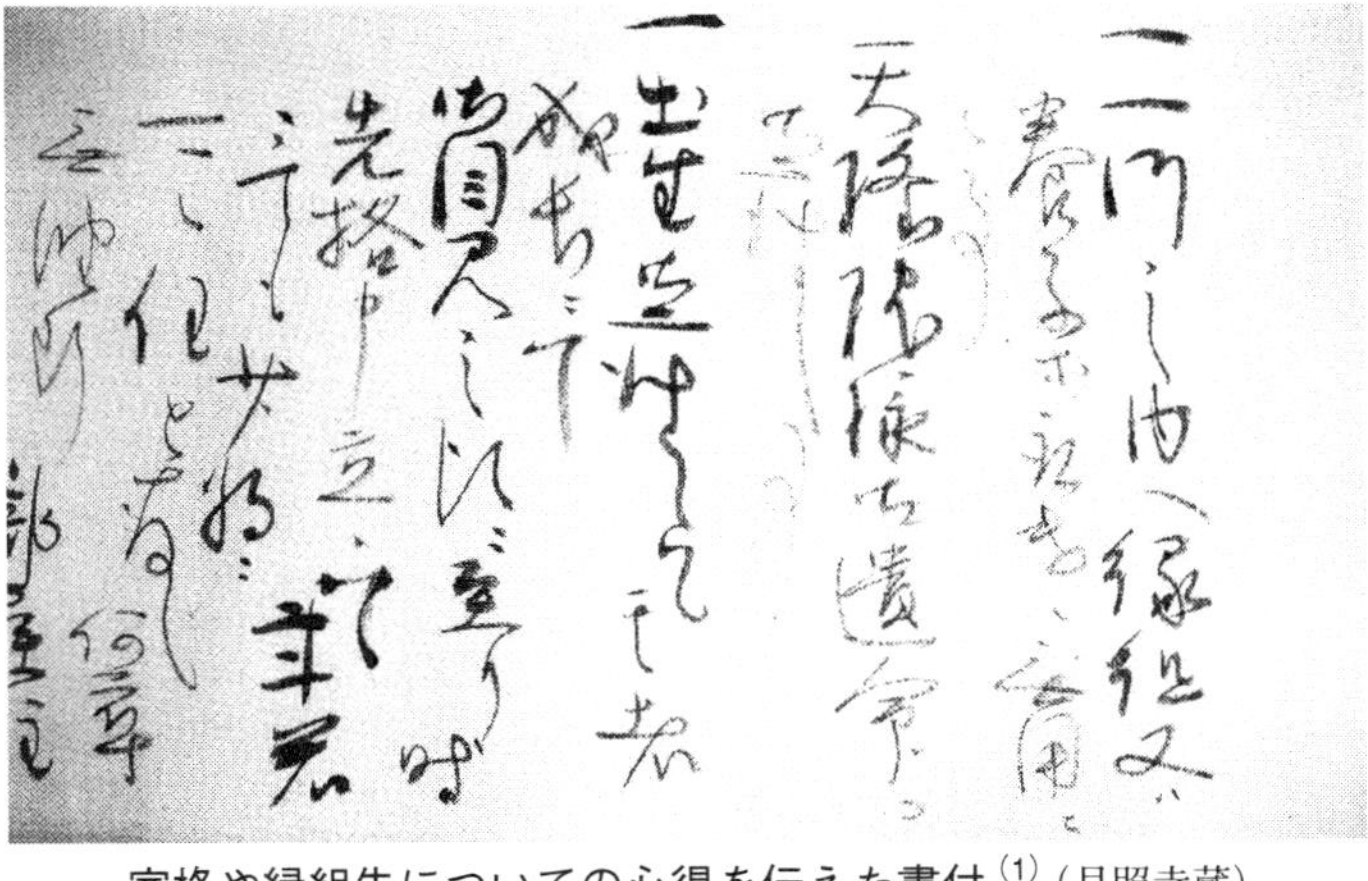

家格や縁組先についての心得を伝えた書付[(1)]（月照寺蔵）

組先についての心得を伝えたもの、松平家当主としての心得を説いたものがある。

致仕後の松江　文化四年（一八〇七）五月一日、斎恒は襲封《しゅうほう》後初めて国入りのため江戸を発った。同年九月六日、不昧は玉造の温泉に行くことを幕府に願って許された。翌五年正月二一日江戸を発って、二月二七日に松江に着いた。引退後初めての帰国であった。ちょうどこの頃、斎恒と松江で一緒に暮らしたことになる。同月一一日午前、茶町から火を発し、大風で延焼《えんしょう》して御船屋に至り翌一二日暁《あかつき》に鎮火《ちんか》した。出雲私史《いずもしし》(2)には、一、八〇六戸が焼失したとある。斎恒は領内を巡視した。不昧は、罹災者《りさいしゃ》を慰労《いろう》し善後策を講じた。斎恒と相談してのことと思われる。

行動の逐一は述べないが、その後三月になって、家老朝日恒重他の宅を訪れ、茶を喫している。また、二〇日、巡村のため、松江城を出て二八日に帰城している。四月四日に、前章第五節「旗揃」でふれた大亭館に入り、横田新兵衛の講ずる軍学の様子を見た。五日岡本宋修宅に行き、また大石源内の演武場に行った。六日には、楽山《らくざん》（松江市川津町）に遊び、付近の風光を楽しみ、楽山焼の窯を視察した。一〇日、玉造に行き、一三日間、温泉に入り静かに病躯を癒《いや》し、自ら茶碗を焼き、茶杓《ちゃしゃく》を作った。五月八日、荒木圓左衛門と石原左傳次の演武を見た。既に国政に携《たずさ》わらないが、親しく臣下の邸宅に行き、彼らを慰撫《いぶ》し、武臣の諸技を奨励した。諸臣、不昧の徳に服し感激することが多かった。一五日に、松江を発って、六月一二日に大崎の別邸に帰った。一一月一九日、孤篷庵で茶会を行った。

文化六年七月二一日、妹幾百姫が五四歳で死去した。翌七年三月二七日、不昧の生母本壽院が七九歳で逝った。前年に妹を失う悲しみも癒《い》えないのに、生母とも別れることになり、喪に服した。

文化八年、不昧六一歳になり二月二四日還暦の祝が行われた。翌日、斎恒は細川斎茲の女《むすめ》芳を迎えて結婚した。しかし、翌年、芳の病気のため離縁している。芳は、家の祭祀を務めることができなかったからである。

文化九年一〇月、孤篷庵に不昧の宿願であった大円庵《だいえんあん》および茶室ができた。

文化一〇年四月一五日、斎恒は改めて姫路侯酒井雅楽頭《さかいうたのかみ》忠道の女英を娶《めと》った。酒井雅楽頭は茶道において不昧の門弟であった。

文化一一年、斎恒に日光助役の命があった。四年前以来、出雲大社遷宮のため、藩の出費が大変多かったので、諸臣の俸禄を減らしていた。不昧はこれを憂《うれ》えて、質素倹約に努め、余財を斎恒に与えた。

文化一二年二月四日、朝日恒重が没した。不昧は使いを出雲に遣わし、香銀一枚を与えた。三月一八日、藩邸で斎恒の子が生まれた。六五歳のときの初孫であった。不昧は鶴太郎の幼名をつけた。第九代藩主斎貴《なりたけ》の出生であった。四月八日には、三の丸の御花畑の茶室「妙喜庵」(3)で茶会を催している（**文献48・70**）。

最後の松江　文化一三年閏八月二一日、入湯のため大崎を出発し九月一七日松江に着いた。一〇月と一二月に、二度ばかり玉造へ入湯に出かけてゆったり過ごしている。一一月五日には、妙喜庵で茶会を開いている。斎恒が参勤のため、江戸に居たので、国政について聞き、旧事を談じ、政務を語った。翌一四年正月の左義長《さぎちょう》は、老公が在国のため、藩臣は両日とも盛大に行おうと不昧に請うた。慣例によれば、国侯在国のときは一四・一五日の両日行い、不在のときは一四日のみ行うことになっていた。しかし、不昧は臣下の好意を諒としても、了解しなかった。引退した身分としてはこのようなことを受け入れられなかった。さらに藩臣はこれを請うたが、不昧は快しとしなかった。にわかに一三日松江を発ってしまった。これが松江との最後の別れとなった。後になって、村田青山に「平素何事も堪忍《かんにん》してきたのに、あの時はことの外立腹し、堪忍できなかった。全て老衰のいたすところで、もはや余命も長くない」と語ったという。江戸への途中、正月二五日、京都の孤篷庵《こほうあん》に寄り、大円庵茶室で席開きの茶会を行った。二七日も茶会が行われた。これが、不昧の大円庵茶室においての最初であり最後の茶会であった。二月一二日に大崎に帰り着いた。

不昧死去　文化一五年正月、不昧、病に倒れた。官医皆、容易ではないと言う。飲食は進まないし、疲労が甚だしく斎恒の東上を請うことになった。斎恒は、あわただしく二月一一日に松江を発ち、二九日大崎についた。この日、京都から医師の竹中文輔が来た。四月二四日になって、病悪化しついに死去した。

不昧は、これより前六六歳のとき、自ら辞世《じせい》の偈《げ》をつくり「喫茶喫飯、六十　年、末後一句、有伝無伝」と書いた。我もし死ねば、六十と年の間に、没年に相当する数字を入れるよう命じた。どうも、古希《こき》を迎えることはできないと覚悟していたようである。臨終《りんじゅう》にあたり、病床に侍《はべ》る少年田口龍八郎を呼び、病床をまたいで紙を広げさせた。少年、恐縮しながら命に従って白紙を捧げ、本田権八と千酌壽仙が紙の両端を持った。不昧は、寝たまま墨痕淋漓《ぼっこんりんり》、

喫茶喫飯　　　六十八年
末後一句　　　有伝無伝

の遺偈《ゆいげ》（4）を認《したた》めた。先に書いたものが不用となった。孤篷庵に保存されている遺偈を見ると、筆力遒勁《しゅうけい》で生気があり、瀕死《ひんし》の人の字とは思えないという。この日の申《さる》の下刻（午後四時過ぎ）、英霊は静かに永く体から離れた。この日は喪《も》を発表しないで、二六日危篤と幕府に告げた。二七日、将軍の使者本多豊前守が来て慰問した。官医山本春院、松本忠温、桂川甫周、堀本一甫、京医竹中文輔らが診察結果を述べた。この夜、不昧死去の旨を幕府に告げた。二九日、法名を定めた。在世時に決めていた「大圓庵前出雲國主羽林次将　不昧宗納居士」の一八字とした。入棺式を行い、五月一一日、天徳寺（芝区西ヶ久保）（5）に葬った。また、遺命により、松江の月照寺では松江城をのぞみ、宍道湖の見える高台に墓所が置かれた。

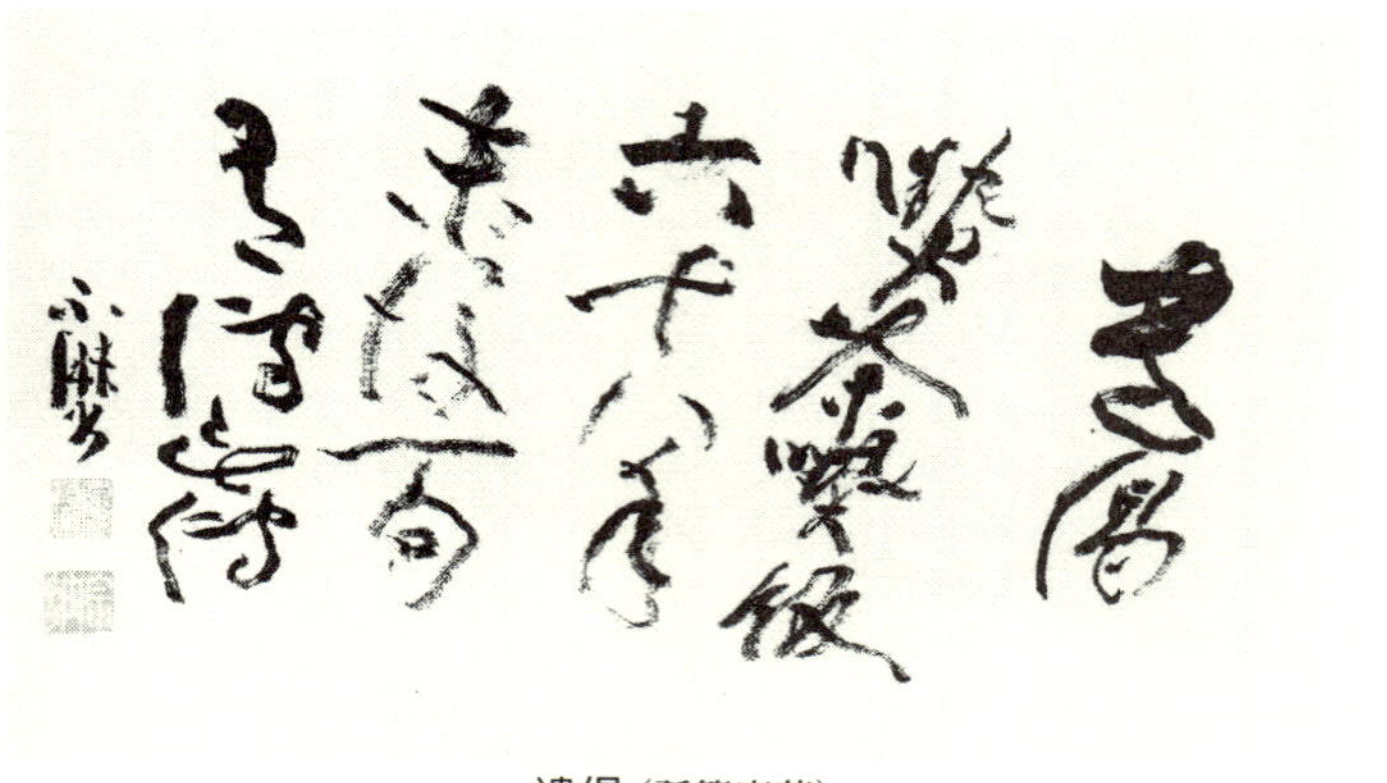

遺偈（孤篷庵蔵）

五月六日、夫人は髪を切って彰楽院《せいらくいん》と称した。不昧の遺言により、雪舟筆円相の軸、遺偈および茶器数点に三〇〇両をそえて孤篷庵に納めた。喜左衛門井戸（6）と唱える茶碗は、天下の名器であるが、これを所持する者に祟りがあって、腫物《はれもの》のために斃《たお》れると言い伝えられていた。不昧が、これを求めるとき、この言い伝えによって諫《いさ》める者がいた。その不昧が亡くなったので、没後四年の文政五年に、彰楽院はこの茶碗を孤篷庵に納めた。

護国寺に移転された不昧墓所（部分）（写真提供　護国寺）

月照寺の不昧墓所

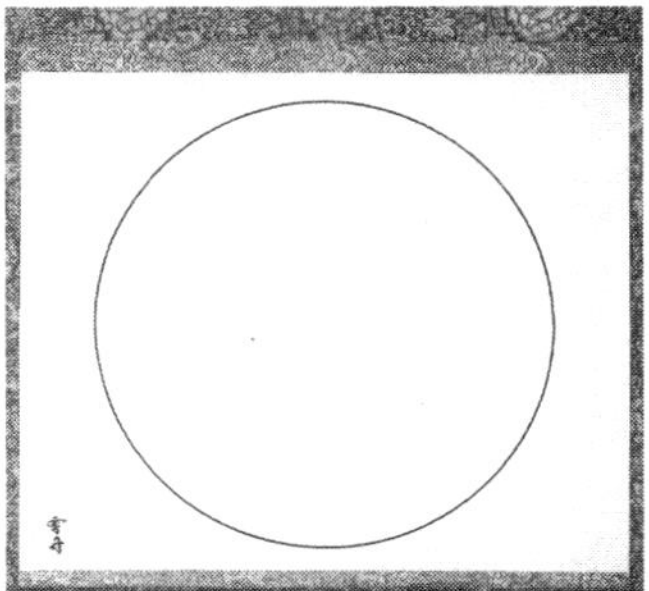
雪舟筆円相の軸（孤篷庵蔵）

(1) 次のように書かれている。
一、一門之内へ縁組又ハ養子等取遣候無用ニ候事、天隆院様御遺命ニ候事
一、出生御座候ハヽ、其者成長ニて御目見之頃ニ至り候時、先格申立候ハヽ、年若ニても少将ニ可被任と存候、何卒無油断、部屋住直ニ侍従之所、代々無相違様に可在之事
但、親侍従ニてハ子必四品之事ニ候、倅官位之時ニ至り家格申立、内〳〵権家相談候ハヽ、必官位昇進可在と存じ候、(以下略)
(2) 文久二年(一八六二)に桃節山(桃源蔵の孫)が著した出雲の歴史を説いた史書。
(3) 二畳隅炉・室床の茶室。
(4) 千利休の辞世の句に「人生七十　力囲希咄　吾這宝剣　祖仏共殺」とある。不昧が、茶の湯の精神を利休に倣おうとした姿勢がみえる。
(5) 大正一二年(一九二三)の関東大震災で、壊滅的な被害を受け、同地に再建できなかったため、護国寺(文京区大塚)に移転されている。
(6) 銘・喜左衛門の井戸茶碗のことで、国宝。朝鮮王朝時代(一五~一六世紀)の作。「井戸茶碗」は朝鮮半島では日用雑器として作られた茶碗を日本の茶人が茶器に見たてたもの。この「喜左衛門井戸」は、井戸茶碗と称される一群の茶碗の中でも古来名品と称され、江戸時代から著名なものである。大名茶人として知られる松江藩主・松平不昧をはじめ、この茶碗の所持者が相次いで腫物を病んだために不昧没後にゆかりの寺である孤篷庵に寄進され現在に至る。

コラム

仙厓義梵の円相

仙厓義梵《せんがいぎぼん》は、寛永三年（一七五〇）に美濃《みの》国武儀《むぎ》郡（岐阜県関市）で生まれた。松平不昧より一歳年長である。一一歳のとき、地元の清泰寺《せいたいじ》で得度《とくど》・出家《しゅっけ》した。諸国行脚《あんぎゃ》後、博多で日本最初の禅寺聖福寺《しょうふくじ》の住持となった。若い時から、絵が得意で「うらめしや　わがかくれ家は雪隠《せっちん》か　来る人ごとに紙おいてゆく」と詠むほどに絵を頼む人が多かったという。謹厳な禅僧である反面、茶目っ気たっぷりの人物でもあった。

仙厓筆「指月布袋画」
（東京・出光美術館蔵）

上の画は、布袋《ほてい》さんが指をさし、子どもが一緒に喜んでいる。左に「を月様幾ツ　十三七ツ」という歌詞の一部が賛となっている。一三と七を足して二〇、二〇歳で子どもを生むという説や、満月に見える十三夜の月は七つ時（午後四時頃）のまだ明るい時にあがってくるという説がある。いずれにしても月の満ちる喜びの歌である。「指月布袋」の月は仏

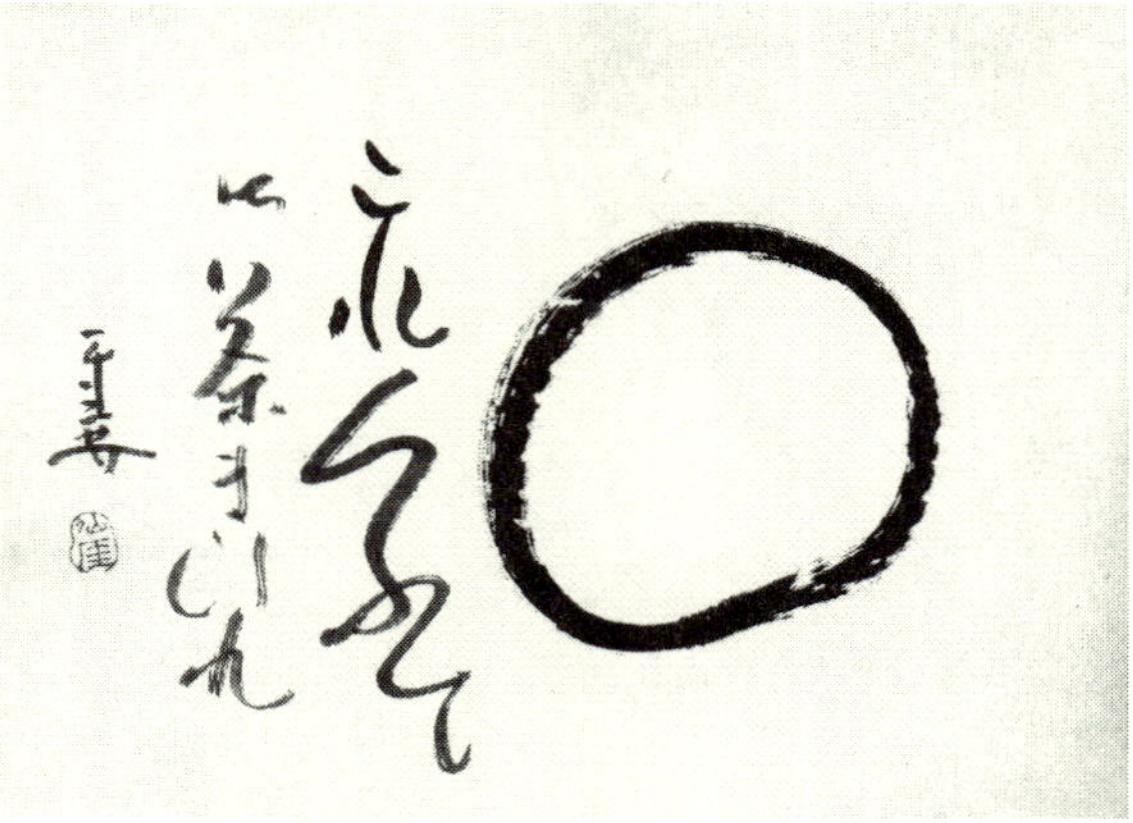

仙厓筆　円相図「これ食ふて御茶まひれ」
（福岡・福岡市美術館蔵（石村コレクション））

の教えを意味し、指は仏の教えを説いた経典を表しているという。指だけを見ていても教えは自分のものにならない。月そのものを直接見ることができれば、こんなに嬉しいものだというこ
とを描いているらしい。しかし、直接描き込まないで月を表現したい。仙厓は、賛を利用して巧に実現させている。

賛と人物の間がどう見えるか、改めてこの画を見て欲しい。細かいことは省略するが、注意して見れば人物と賛の間がまるく見えてくる。

指さしや視線の意味を、一歳半ころになると理解できるようになり、相手や自分にも「こころ」があることに気づくようになるという。「指月布袋画」の子どもの喜びは、心の存在を発見したためかもしれないし、人と物事を共有し共感できたことかもしれない。

禅僧の一筆描きの円を円相というが、仙厓の円相図「これ食ふて御茶まひれ」は、饅頭を描いたとも思わせるもので、悟りや真理は飲み込んで、身につけてこそのもので、目の前に見える形にとらわれていては悟りには遠い。円すなわち心が消えて初めて悟りに至ると伝えているようでもある。不昧の禅や茶に通じるか。（**文献65**をもとに記述した。）

エピローグ　今に伝わる松平不昧公の文化

松江では、堀尾吉晴《ほりおよしはる》、松平直政《まつだいらなおまさ》、松平治郷《はるさと》がよく知られている。それぞれが松江の歴史や文化に大きな足跡を残しているが、中でも、親しみを込めて不昧さんと呼ばれている松平家七代藩主治郷が最も有名である。

松江城天守の国宝指定により、松江を訪れる観光客が増加した。松江は茶所としても知られているが、松江の町や城の歴史とか残された文化を知る人は意外と少ない。

不昧の茶の湯を、出雲では御流儀とか御家流と敬称していたが、大正時代から不昧流と呼ぶようになり、広まった。

松江では、茶の湯に欠かせない和菓子の製造販売店が多く、一人あたりの和菓子消費量が日本一と巷《ちまた》ではいわれる。春の「若草《わかくさ》」、秋の「山川《やまかわ》」と「菜種の里《なたねのさと》」(1)が不昧好の三大銘菓とされる。「若草」は、求肥《ぎゅうひ》のまわりに若草色の衣をていねいにまぶしたものである。治郷の「曇るぞよ　雨降らぬうちに　摘んでおけ　栂尾山《とがおのやま》の　春の若草」[2]から、若草と命名された。その後絶えていたが、明治中期、山口善右衛門（彩雲堂）が復元した。「山川」は、阿波の和三盆《わさんぼん》を使った落雁《らくがん》の一種で、元は紅を「山川」、白を「山陰《やまかげ》」と言っていた。茶会では「山陰」がよく使われたようである。治郷の「ちるわうく　ちらぬはしすむ　もみちはの　蔭わたつたの　やまかわの水」[3]より命名したと伝わる。これも、大正七年（一九一八）、内藤隆平（風流堂）が復元した。「菜種の里」も落雁の一種で、寛政元年（一七八九）五月、菅田庵《かんでんあん》の茶会で出された。治郷は気に入って、「寿々菜《すずな》さく　野辺《のべ》の朝風　そよ吹けば　とひかふ蝶

山川（風流堂）

若草（彩雲堂）

菜種の里（三英堂）

（写真提供　松江歴史館）

の　袖そかすそふ」と詠み、菓名を与えたという。これも既に途絶えていたが、昭和四年（一九二九）に岡栄三郎（三英堂）が復元した。鮮やかな黄色の表面に煎《い》り玄米の蝶が舞う姿を表したという。

これらの菓子はお止め菓子で、注文を受けた特定の店が納入していた。明治になって茶の湯の風習や菓子そのものも消えてしまった。今あるこの三大銘菓は、いずれも新たに復活再現されたものである。喫茶の制限や市場の統制がなくなり、世の中が安定してきて、不昧の残してくれた茶の湯文化を楽しもうとする雰囲気が起こったのであろう。

（1）この菓子の創作は文化年間（一八〇四〜一八）で、松江藩菓子司の面高屋《おもだかや》船越道順《ふなこしみちのぶ》の手になる。道順は江戸品川の伊勢屋越後大掾《いせやえちごだいじょう》について山川の製法を学んだが、帰国後に菜の花畑に蝶《ちょう》の舞う光景に想を得て、菜種の里をつくった。

（2）京都の栂尾山《とがおのやま》には、日本最古の茶畑があった。鎌倉時代に茶を植えたと伝えられる明恵《みょうえ》上人の「曇るなり雨ふらぬまに摘みておけ　栂尾山の春の若草」をもとにしている。

（3）龍田山《たつたやま》は奈良の生駒《いこま》郡にある紅葉の名所である。江戸初期の歌人、烏丸光広《からすまみつひろ》の「散るはうきちらぬはしづむ紅葉葉の　かげや高尾の山川の水」をもとにしている。

松平治郷関係の略年表

和暦	西暦	年齢(数え)	主なできごと
宝暦一	一七五一	一歳	二月一四日、江戸赤坂の藩邸で宗衍の二男治郷が生まれる。幼名鶴太郎（治好）と名付けられる。
三	一七五三	三歳	一一月二三日、弟衍親が生まれる。幼名駒次郎（後、三助）と名付けられる。
六	一七五四	四歳	土屋善四郎芳方、御焼物師として楽山焼の復興を始める。
七	一七五七	七歳	細井九皐から、初めて書を習う。
八	一七五八	八歳	宇佐美恵助から、初めて読み書きの指導を受ける。
一〇	一七六〇	一〇歳	江戸の藩邸で人参栽培を開始。
一三	一七六三	一三歳	三月一六日、永田五兵衛から弓、脇坂十郎兵衛から槍を初めて習う。 五月九日、一川五蔵から、初めて刀術を習う。 一〇月一八日、仙台侯宗村女彰姫と婚約。 一一月一一日、幕府から婚約を許される。
明和一	一七六四	一四歳	一一月一日、初めて将軍家治に拝謁。 一二月二一日、元服。治好を名乗り、従四位下任侍従に叙せら

れた。佐渡守と号することになる。

二　一七六五　一五歳　二月二八日、初めて甲冑を着る。

三　一七六六　一六歳　八月八日、藩主名代として、初めて松江に向かう。二八日到着。

四　一七六七　一七歳　二月九日、江戸に向かって松江を発つ。
三月一日、江戸到着。衍親、小田原まで出迎える。
一一月二七日、宗衍致仕。治好襲封。
一二月一日、白書院にて将軍に拝謁、襲封の禮。
一二月七日、名を治郷と改め、出羽守を号す。

五　一七六八　一八歳　初めて石州流茶道を正式に幕府お茶道頭の三世伊佐幸琢に習う。

六　一七六九　一九歳　初めて禅学を大巓に学ぶ。
一〇月二三日、国侯として初めて松江に向かう。
一一月一三日、松江に到着。
一二月四日、朝日丹波茂保の功を賞す。偏諱の「郷」を与えて郷保と改名させる。

七　一七七〇　二〇歳　四月二一～二八日、出雲国内を巡視する。
八月、斐伊川治水工事着手。
『贅言』を著す。

八　一七七一　二一歳　九月一八日、朝日丹波郷保宅を訪れ、家人に物を与える。

安永一	一七七二	二二歳	管槍技奥秘伝を脇坂十郎兵衛から受ける。
二	一七七三	二三歳	秋、斐伊川治水工事完成。
三	一七七四	二四歳	意宇郡東津田村で人参栽培を開始。 四月二二日、妹五百姫淀侯に嫁す。 一二月九日、仙台侯宗村女彭姫を娶る。
四	一七七五	二五歳	二月一四日もしくは一五日、釋迦ヶ嶽雲右衛門死去。
五	一七七六	二六歳	六月以来、大いに病む。江戸及び京の医者が松江に来診。 九月二三日、床上げ。
七	一七七八	二八歳	一〇月一五日、朝日丹波郷保を代々家老に加える。 四月、江戸天徳寺・松江月照寺に宗衍の壽蔵をつくる。萩野信敏（天愚孔平）が碑文執筆。
八	一七七九	二九歳	一二月二日、妹幾百姫福知山侯に嫁す。 家老有澤家の上屋敷に明々庵を建てる。
九	一七八〇	三〇歳	土屋善四郎芳方を布志名に移住させ、土屋窯を築かせる。
天明一	一七八一	三一歳	閏五月一〇日、朝日丹波郷保の致仕を許し、子千助に跡を継がせる。
二	一七八二	三二歳	一〇月四日、父宗衍死去。（五四歳）
三	一七八三	三三歳	四月一〇日、朝日丹波郷保死去。（七九歳）

四	一七八四	三四歳	八月、三の丸浸水のため避難。 閏正月、四月中に飢扶持を渡すと、藩の指令。 三月二四日、若年寄田沼意知、佐野政言に斬られる。
五	一七八五	三五歳	三月、佐陀川開鑿着手。
六	一七八六	三六歳	八月二七日、田沼意次、老中職を解かれる。
八	一七八八	三八歳	一月一一日、佐陀川開通式。
寛政一	一七八九	三九歳	雷電為右衛門を召し抱える。 五代小島清兵衛（初代漆壺斎）、家職（塗師棟梁）を相続し治郷に従って大崎屋敷に入る。
二	一七九〇	四〇歳	六月一八～二七日、加賀に築堤。 雷電、江戸にて初土俵。
三	一七九一	四一歳	九月六日、世子誕生。
四	一七九二	四二歳	有澤家の山荘に菅田庵を建てる。
五	一七九三	四三歳	二月、唐船番船を配置する。
六	一七九四	四四歳	九月二二日、『古今名物類聚』出版
七	一七九五	四五歳	高橋櫟庵が「御国御種人参」を完成させる。
八	一七九六	四六歳	一川五蔵から不伝流の伝授を受ける。 八月、直捌を始める。

九	一七九七	四七歳	三月一一日、病を押して江戸に向かったが、浮腫のため安来より帰城。 五月二日、雷電為右衛門一行、呼び戻され松江に向かう。二三日松江到着。八月二〇日まで、三の丸御殿において、治郷に相撲の稽古を見せる。 八月二八日、雷電一行、許されて、江戸へ向かう。 一〇月一日、病気平癒。 一〇月一八日、江戸に向かって松江を発つ。 一一月一五日、江戸到着。衍親、小田原まで出迎える。
一一	一七九九	四九歳	一二月一六日、唐船番の諸臣に金を与える。
享和一	一八〇一	五一歳	長岡住右衛門貞政、楽山窯を開窯。
二	一八〇二	五二歳	二月一日、旗揃演習を行う。棒火矢師に萩野喜内（天愚孔平）の名がある。 永原与蔵順睦、布志名に永原窯を開窯。
三	一八〇三	五三歳	六月二四日、弟衍親死去。（五一歳）
四	一八〇四	五四歳	二月、山本逸記「書院」で医学教育を始める。後に「書院」は「存済館」と命名される。 長岡住右衛門空斎、帯刀御免となる。

文化二　一八〇五　五五歳　永原与蔵順睦、治郷に召され御茶碗師を拝命御庭焼を務める。
小村茂重、松江古志原で、御種人参栽培成功。

三　一八〇六　五六歳　三月一一日、致仕を許される。一三日、大崎下屋敷に移り、不昧と号す。
三月、世子斎恒襲封する。

四　一八〇七　五七歳　『出入捷覧』の「江戸臨時御入用」の欄を見ると、大崎下屋敷の普請（文化元〜四年）に二三二、三四一両かかり、御蔵金をあてている。
五月一日、斎恒初めて松江に向かう。二八日松江到着。

五　一八〇八　五八歳　一月二二日、玉造へ入湯のため、江戸を発つ。
二月一一〜一二日、松江で大火事。
二月二七日、松江に到着。
五月六日、小林如泥作杉狐像が大崎に届く。
五月一六日、松江を発つ。六月一二日、大崎に到着。

六　一八〇九　五九歳　六月一〇日、出雲大社修復のため、幕府より松江藩に五〇〇両下賜。
七月二一日、出雲大社遷宮。
七月二三日、妹幾百姫死去。（五四歳）

七	一八一〇	六〇歳	隠岐近海に異国船出没の報告あり、派兵し二年間駐留。 三月二七日、母親本壽院死去。（七九歳） 一〇月二八日、口田儀に漂着船あり。
八	一八一一	六一歳	二月一五日、斎恒、肥後侯細川斎茲の女芳を娶る。 九月、斎恒に『道具帖』（道具譲帳）をつくる。
九	一八一二	六二歳	正月二〇日、岡本瑞庵（宋修）出雲にて死去。 四月一八日、斎恒、多病の芳を離縁。 一〇月、孤篷庵大円庵と茶室竣工。
一〇	一八一三	六三歳	四月五日、小林如泥、大崎に着く。欄間を書院に取り付ける。 四月一五日、斎恒、姫路侯酒井忠道の女英を娶る。 六月一八日、如泥帰国。 一〇月二七日、如泥死去。（六一歳）
一二	一八一五	六五歳	二月四日、朝日恒重（千助）死去。
一三	一八一六	六六歳	御種人参を三都・北国・長崎などで販売開始。 三月一八日、孫（斎貴）が生まれる。 閏八月二一日、玉造へ入湯のため、江戸を発つ。 九月一七日、松江に到着。
一四	一八一七	六七歳	大円庵壽搭と庭園竣工。

文政一　一八一八　六八歳
一月一三日離松。二五日、孤篷庵にて茶会。
三月一二日、大崎に帰着。
三月、漆壺斎に三十人扶持の禄が給される。
四月一日、萩野信敏（天愚公平）死去。（八五歳）
二月一一日、斎恒、不昧の病状を知り松江を発つ。二九日、大崎に到着。
四月二四日、不昧死去。
五月六日、夫人剃髪、彭楽院となる。
六月三日、雪舟筆円相・遺偈・茶器等に三〇〇両をそえて孤篷庵に納める。

二　一八一九　没一年
九月二八日、差海浦に、五人の朝鮮人が乗った商船漂着。
彭楽院、喜左衛門井戸茶碗を孤篷庵に納める。

五　一八二二　没四年
三月二一日、斎恒死去。（三二歳）

用語解説

擬作高（あてがいだか）扶持米。

袷衣（あわせぎぬ）袷。裏地のある和服のこと。反対語は単衣《ひとえ》。

位記（いき）叙位の旨を記して、天皇が授与する文書。

異国船打払令（いこくせんうちはらいれい）文政八年（一八二五）に出された。無二念《むにねん》打払令ともいう。

諱（いみな）死後にいう生前の実名。貴人の実名を敬していうこともある。

入側縁（いりがわえん）書院造りで、ぬれ縁と座敷の間の畳敷きの廊下のこと。

入母屋造（いりもやづくり）寄棟《よせむね》の棟を水平にのばし、切妻《きりづま》屋根と合体させたような屋根の建物。

閏（うるう）暦の上の日付と実際の季節とを調整するために設けた閏月・閏日。太陰太陽暦では、一年が三五四日余であるため。平均三二～三三か月に一回、閏月を設けた。

運上金（うんじょうきん）江戸時代の雑税で小《こ》物成《ものなり》の一種。主に、商・工・漁・鉱・運送業に従事する者に賦課していた。冥加と異なって、一定の税率があったが年によって変動していた。

大奥（おおおく）江戸城の本丸・西丸などで、将軍やその父・世子の妻妾が生活していた場所。本丸の場合は、政治機構がおかれていた表のことで、将軍が日常生活を送る中奥に対していう。将軍の妻妾の他、上臈《じょうろう》を筆頭に、年寄・中年寄・御客会釈《あしらい》・中臈などの大奥女中がおかれた。内部は、御殿向《むき》・長局《ながつぼね》・御広敷向の三つに分かれ、御広敷向のみ事務担当の武士が勤務していたが、他は将軍以外男子禁制であった。

大広間（おおひろま）江戸城中における大名の詰所の一つ。一の間《ま》から四の間に分かれ国持大名・御三家の庶流・四位以上の外様大名が詰めた。

大鎧（おおよろい）日本の甲冑の形式の一つ。主に騎乗の上級武士が着用した

御徒（おかち）下級武士の一身分。御目見《おめみえ》以下で、騎乗《きじょう》も許されない。

奥付（おくづけ）書物の終わりの、著者・発行所・印刷者・発行日付などを記したページ

奥列（おくれつ）士分の格式の一つ。番頭の次で、者頭より上位に位置する。新番組士支配、旗奉行、槍奉行、用人、寺社町奉行、天守鉤預りの六役をさす。

御小人（おこびと）役所の諸役務に従事した。通勤する者は、脇差を帯びていた。

御庭焼（おにわやき）城内や邸内の一画に小規模な窯を築いて、茶器などの趣味性の高い製品を生産する。

廻船（かいせん）近世になると、商品を輸送する海船一般を称した。菱垣《ひがき》廻船・樽《たる》廻船がよく知られている。その活動は文化・文政期に全盛を迎えるが、その代表が北前船《きたまえぶね》である。

花押（かおう）名前の代わりに書く一種の署名。かきはん。姓名の草書体を図案化したもの。

抱地（かかえち）買取った土地。買い取って、屋敷地とした土地を抱屋敷という。

鈎槍（かぎやり・こうそう）柄の穂に近い所に、鉄の鈎を横に渡した槍。

片流れ（かたながれ）棟にあたる部分が一方に寄った屋根。

潟之内（かたのうち）湖に接する部分にできた湖沼。

甲冑（かっちゅう）鎧《よろい》と冑《かぶと》のこと。

蒲天井（がまてんじょう）天井形式のひとつ。蒲を蓆《むしろ》状に張った天井。

茅葺（かやぶき）茅で屋根をふくこと。

伽藍（がらん）寺院または寺院の建物のこと。

金堂《こんどう》・講堂《こうどう》・塔・食堂《じきどう》・鐘楼《しょうろう》・経蔵・僧坊《そうぼう》を総称して七堂伽藍という。

義田方（ぎでんかた）宗衍の時代、小田切尚足が中心となって行った延享の改革で設置された役所の一つ。長期間の年貢を一括して先納すれば、免税の証文を発行した。

儀刀（ぎとう）儀式において使用する威儀を整えるために用いる儀仗の太刀。

木実方（きのみかた）宗衍の時代、小田切尚足が中心となって行った延享の改革で設置された役所の一つ。櫨の作付奨励、蠟の生産・統制を扱う役所。

貴人口（きにんぐち）客の出入り口のひとつ。貴人は躙口から入らずに、ここから入る。立ったまま入れるように、襖（二枚障子）がある。襖の高さは台目幅（約五尺）を基本とする。草庵化される以前、または書院風の茶室ではこの貴人口形式となっている。

貴人座（きにんざ）床の前に位置する。ここには身分の高い人（貴人）でなければ着座しないのが建前で、正客はこの座をはずして席につくこともある。

飢扶持（きふち）食料がない人々に与える扶持米のことか。

来待石（きまちいし）松江市宍道町来待産出の凝灰質砂岩。

鬼門（きもん）陰陽道《おんみょうどう》で鬼が出入りするといって嫌う艮《うしとら》（東北）方向。

饗宴（きょうえん）もてなしの酒盛り。

銀札（ぎんさつ）松江藩発行の藩札の一種で、銀札と銭札《ぜにさつ》があった。

近習（きんじゅう）主君の近くに仕える者。

禁裏（きんり）宮中。

草葺（くさぶき）茅《かや》葺・藁《わら》葺・または葛屋《くずや》葺ともいう。すすき・茅・葭《よし》・麦藁・麻殻などで拭いた屋根の総称。

鯨（くじら）鯨差《くじらざし》の略。民間で、布帛《ふはく》を計るのに用いられた。一尺は曲尺《かねじゃく》の一尺二寸五分（約三八㎝）にあたる。

口宣（くぜん）口ずから宣《の》らす勅命。

管槍（くだやり・かんそう）近世の槍の一種。柄に金属製の管を通し、柄の先にこれを止める鍔《つば》がある。左手でその管を握り、右手で柄をしごいて突く。。

組士（くみし）士分の格式の一つ。組外《はずれ》より下位。扈従《こしょう》番組士・大番組士・留守居番組士・新番組士などがある。

組外（くみはずれ）士分の格式の一つ。側役で、組士より上位。中老跡の家督者、蕃頭跡の家督者、その身に昇進した者など。

黒書院（くろしょいん）幕府および諸侯の城中における奥向きの書院。窓の縁から天井の格子の縁または障子の縁にいたるまで黒塗してある。日常的な謁見に使われた。

偈（げ）仏の徳や教えをほめたたえた四句でできた詩。

下座床（げざどこ）亭主が座る方向の後方にある床でしもどこともいう。点前座の前方につく床を上座床《かみざどこ》という。

桁行（けたゆき）建物の桁（垂木を受ける材）の通っている棟方向。

紺屋（こうや）藍《あい》で布を紺《こん》色に染める業者。

五街道（ごかいどう）江戸幕府道中奉行支配下にあった主要街道。東海道《とうかいどう》・中山道《なかせんどう》・甲州道《こうしゅうどう》中《ちゅう》・日光道中《にっこう》・奥州《おうしゅう》道中のこと。

柿葺（こけらぶき）材木を薄く削った板で屋根を葺くこと。

国用（こくよう）藩の財政。

扈従蕃頭（こしょうばんがしら）江戸藩邸では、御広間方といって、御広間番則取次役あり、この者に諸家への御使者など勤めさせる。この御広間方をはじめ御祐筆《ゆうひつ》その他御供方の士、馬乗・御台所勤めまた茶道頭の類を合わせて支配する。

悟道（ごどう）仏道をおさめ、真理を悟ること。

悟入（ごにゅう）悟りを開くこと。

棹縁（さおぶち）天井に見られる。細い材を平行に並べたもの。

茶道口（さどうぐち）亭主が点前をする際に出入りする口。亭主口、茶立口、勝手口ともいう。

賛（さん）書・画のかたわらに書くことば。

三斎流（さんさいりゅう）豊前《ぶぜん》小倉《こくら》藩主細川忠《ほそかわただ》興《おき》（三斎）を祖と仰ぐ茶道の一派。新井一掌が治郷と親交が深く、松江に三斎流がもたらされた。

仕置役（しおきやく）松平家では、家老六家が置かれていた。この六家以外で千石以上のものが家老に列せられることがあった。これが仕置役で、当職と呼ばれた。

下郡（したごおり）領内支配のため設けられた郷役人。郡奉行と村役人の中間にあって、富農から選ばれ世襲することが多かった。

下地窓（したじまど）民家に使われた窓の一形式で、土壁の一分を塗り残して壁下地を表している。茶室では、皮付き葭《よし》を一～四本を不揃いな格子組にして、ところどころ藤蔓《ふじつる》をからませる。内側は掛障子とするか、紙張り障子の一本引きとし、外側に簾をつるすか、掛け度を架ける。

執政（しっせい）家老の異称。

殿り合せ（しまりあわせ）互いに生活諸般の倹約に努めること。

下宿（しもやど）本陣以外の宿泊先のこと。

尺（しゃく）長さの単位。一尺＝一〇寸＝約三〇㎝。

這箇（しゃこ）仏教用語で、「これらの」をさす。

遒勁（しゅうけい）書画・文章などの筆力の強

いこと。

襲封（しゅうほう）諸侯が領地を受け継ぐこと。

准后（じゅごう）准三宮《じゅさんぐう》とも。皇族・摂関・僧侶などに、三宮（太皇太后・皇太后・皇后）に準じて、年官・年爵・封戸《ふこ》などの経済的待遇を与えること。また、これを与えられた者。

首途（しゅと）出立すること。旅立ち。

巡見使（じゅんけんし）江戸時代、将軍の代替わりごとに各地に派遣された政情・民政巡察使。大名領にも派遣された。

飼養（しよう）動物を飼い養うこと。

相伴席（しょうばんせき）正客につづく次客以下詰（末客）までの相伴客が座る席。

上表（じょうひょう）君主に文書をたてまつること。

諸色（しょしき）物価のこと。

所司代（しょしだい）本来は、室町幕府の役職で、侍所を統率する所司または頭人《とうにん》の代官で、後には京都の治安を管轄する地位にあった。江戸時代には、京都所司代と称するようになった。

所務（しょむ）年貢等の税を徴収する権利。または単に年貢をさすこともある。

白書院（しろしょいん）表向きの書院で、主として柱・長押《なげし》・天井等の部材に表面を仕上げた杉角材を用い、障壁画は金壁彩色画で飾られ黒書院とは異なる。江戸城では、大広間の次に格式が高い。

鍼灸（しんきゅう）鍼《はり》と灸《きゅう》による治療。

数寄（すき）茶の湯を好むこと。

隅切（すみきり）小間の茶室の炉の切り方のひとつで、点前畳（道具畳）の中に炉を切る入炉《いりろ》のうち、客畳と反対の方にあたる勝手側の向う隅に切った炉のこと。隅炉《すみろ》ともいう。

世子（せいし）跡継ぎとなる男子。

勢溜（せいだまり）松江城下では、京橋川・天神川に架かる橋の北側（城側）に設けられた広場。戦時には軍勢を集結させることができる。

石州流（せきしゅうりゅう）片桐石州（貞昌）を流祖と仰ぐ茶道の流派の総称。

宣旨（せんじ）天皇の命を伝える文書。

仙洞（せんとう）院の御所。

草庵風（そうあんふう）草庵風茶室は、当時の民家に使われていた素朴な材料（丸太、竹、土壁など）を使って造られた。利休は、茶室に侘《わび》の美意識を求め、草庵風茶室を完成させた。

袖壁（そでかべ）脇にある幅の狭い壁。

台場（だいば）海上からの敵襲にそなえて、砲台を備えた場所。

大夫（たいふ）古来、律令制度における官位の呼称であったが、江戸時代、大名の家老職に当る者を指して太夫と呼ぶことがあった。

台目切（だいめぎり）茶室での炉の切り方のひとつ。点前座の中心線から上手、または下手ではなく客座に切る。

台目畳（だいめだたみ）略して台目といい、大目とも書く。一畳の長手《ながて》から台子《だいす》と風炉《ふろ》先屏風《びょうぶ》を置く場所を除いた畳のこと。畳三枚と台目畳一枚の茶室を「三畳台目」のように呼ぶ。

鷹合わせ（たかあわせ）鷹を放って鳥を捕らせること。

鷹野（たかの）鷹狩のこと。

たたら製鉄（たたらせいてつ）主として砂鉄から鉄をつくる、古来の製鉄。

溜之間（たまりのま）松溜ともいう。黒書院に続く一室。

致仕（ちし）官職を辞して隠居すること。

知足（ちそく）足ることを知ること。

茶室（ちゃしつ）茶室という名称が盛んに使われるようになる前には、数寄屋《すきや》（数奇屋）・小《こ》座敷《ざしき》・茶湯《ちゃのゆ》座敷などと呼ばれていた。広間の一部を屏風などで囲って仕切ったことに由来するという囲《かこ》いという呼称もある。建物としては、大別して草庵風《そうあんふう》のものと書院風のものがあるが、草庵風のものをさす場合が多い。

朝鮮通信使（ちょうせんつうしんし）一五～一九世紀、朝鮮国王が日本の武家政権者に対して派遣した使節。江戸時代には、合計一二回の派遣があった。一六五五年以降は徳川将軍の代替りごとの派遣が定例となった。

蹲踞（つくばい）茶室庭の石製手洗鉢。

鉄滓（てっさい）製鉄・鍛冶の過程で生ずる不純物のかたまりなど。カナクソとかノロともいう。

鉄山（てつざん）一般的には、砂鉄や鉄鉱石を多く含む山をさすと思われるが、たたら製鉄を中心とした産業を鉄山業としている。

鉄師頭取（てっしとうどり）松江藩では、年度当初に年貢米を収納できないから、秋までのつなぎ資金として、年貢米のそれに相当する俵数を、製鉄業を営む鉄師に現銀で納入させた。十数名の鉄師のなかから鉄師頭取を任命して、先納銀制を強化した。

点前座（てまえざ）茶席において、亭主が茶をたてる場所。

点茶（てんちゃ）抹茶をたてること。

伝馬船（てんません）貨物運搬用の小舟。

鼕（どう）直径四尺（一・二m）～六尺（一・八m）の鼕太鼓のこと。

痘瘡（とうそう）天然痘《てんねんとう》ともいう。法定伝染病で、高熱を発し、悪寒・頭痛・腰痛を伴う。解熱後、主として顔に発疹を生じ、痘痕《あばた》を残すことが多い。種痘《しゅとう》によって、ほとんど完全に予防することができる。

床框（とこがまち）床の一段高い座を構成するため、床の前端部に設ける横木。

床指し（とこざし）天井の棹縁が床と直交すること。「床刺し」とも書く。近世初期にはしばしばみられるが、中期以降は忌きらわれることもある。「指床」ともいわれる。
床柱（とこばしら）床の間の中心的な柱。
中板（なかいた）茶室で、点前畳と客畳の間の板畳のこと。
中柱（なかばしら）利休の創始という。炉隅に立つ柱。赤松・椎・杉のはつり木、香節・竹・桜・椿などの曲り木を皮付き小丸太のまま使う。畳面から二尺ほど上に引竹または横木を付け、下部は客座から道具が見えるように開いていている。上部は壁となっている。
南宋（なんそう）中国の五代を統一した王朝（北宋）が、一一二七年に南遷した後の王朝をさしている。後に元に滅ぼされた。
納戸金（なんどきん）藩邸で使用する諸費用。
躙口（にじりぐち）躙り、潜りなどともいう。茶室に設けられた客の出入り口である。
女院（にょういん）天皇の母や、三后・内親王などに対する尊称。
人参方（にんじんかた）松江藩の薬用人参の生産や販売を行う役所。初め木苗方に属し、その後常平方を経て、人参方となった。
抜荷（ぬけに）長崎会所を通さない密貿易のこと。
塗師（ぬし）漆塗り職人。
熨斗目裃（のしめかみしも）士分以上の者の礼服。麻裃と合せて着る。
佩刀（はいとう）刀をおびること。また、その刀。
陪臣（ばいしん）臣下の臣。諸大名の直臣を将軍に対して呼んだ呼称。
羽口（はぐち）製鉄・鍛冶の炉に風を送る装置。筒状のもの。古いものは土製。
曝涼（ばくりょう）平素収納している図書・書類・衣類・諸道具などの虫干しのこと。
破風（はふ）二枚の板を山形に組んで構成した屋根の切妻部分。草庵風茶室の場合、板の部分がよく見えない。

梁間（はりま）梁行ともいう。梁に平行な方向。梁は、棟と直角に架けられている。

番頭（ばんがしら）士分の格式の一つ。家老嫡子の次で、奥列の上に位置する。

窯甑方（ふそうかた）宗衍の時代、小田切尚足が中心となって行った延享の改革で設置された役所の一つ。鉄鋳物の鋳造所。

札座（ふだざ）宗衍の時代、小田切尚足が中心となって行った延享の改革で設置された役所の一つ。紙に金額を印刷し、発行名義人である御用商人の信用で紙幣として流通させた。藩も「元備《もとぞな》え金」という発行補償金を積み立てて、信用の保全に努めた。

札差（ふださし）江戸時代、幕府の御米蔵がある浅草御蔵前あたりに店舗を構えた商人。旗本・御家人の蔵米（扶持米）を受け取り、それを売却して手数料を得た。のちには、蔵米を担保として金融を行った。

別業（べつぎょう）下屋敷、別荘のこと。

偏諱（へんき、かたいみな）上位者が下位者に与える諱（俗名）の一字のこと。

望日（ぼうじつ）陰暦の一五日のこと。

棒火矢（ぼうびや）鉄砲の発達とともに考案されたもの。鉄の筒に特殊な火矢を差し入れて火薬の力で発射させる。

洞床（ほこらどこ・ほらどこ）茶室の床の一形式。前面と内面をを洞のように塗りこめたもの。

本草（ほんぞう）薬物となる動物・植物・鉱物の総称。

蒔絵（まきえ）漆と金銀粉および金貝《かながい》などを用いて器物の面に絵模様を描く漆工技術。

馬金（まきん）法馬金のことか。法馬金は分銅《ふんどう》の形をしており、豊臣秀吉が最初に鋳造し、徳川幕府においても造られた。「大法馬金」には「行軍守城用勿用尋常費」（戦費以外に用いるな)」の文字が鋳込まれ、あくまでも非常用・軍事用に備蓄されたものである。

水屋(みずや)茶室の隣にあって、茶事の用意をするための室。茶器を洗う簀子《すのこ》の流しがある。台所、勝手、はしり元ともいう。

冥加金(みょうがきん)江戸時代の雑税の一つ。商・工・漁業の各種営業に課せられた。一定の税率はない。幕府または藩から営業を公認されたことに対する献金の性格を持っていた。のちには、税金化されることも多かった。金納を原則とした。

妙諦(みょうてい)極めてすぐれた道理。

向切り(むこうぎり)点前畳の中、客付の方に炉を切ることをいう。

贅言(むだごと)くだくだしい。

室床(むろどこ)草庵風の茶室の床の間形式のひとつ。天井・柱・壁の木部が見えないように隅に丸みをつけて塗り廻している。洞床ともいう。

者頭(ものがしら)士分の格式の一つ。奥列の次で、目附・徒歩頭奥列の上に位置する。

もやい石(もやいいし)船を係留するためのロープを巻きつける石。

祐筆(ゆうひつ)武家の職名。貴人に仕え、文書を書くことを担当した。

油簞(ゆてん)馬の鞍にかける鞍覆《くらおおい》のことか。幕府は、大名行列の時の諸道具を、家の格式によって定めていた。松江藩松平家の場合、「虎《とら》皮《かわ》の鞍覆」が認められていた。

寄付(よりつき)茶会に招かれた客が連れの客と待ち合わせたり、身支度を整えて席入りの準備をする施設。袴付《はかまつき》とか待合《まちあい》ともいう。

螺鈿(らでん)あわび貝他の真珠色の光を発する部分を漆器などにはめ込んで飾りとするもの。

廩倉(りんそう)米倉。俸禄用の倉。

淋漓(りんり)元気のあふれるさま。

禮（れい）儀式のこと。

列士録（れっしろく）松江藩松平家歴代家臣の系譜・履歴を藩士ごとに記録したもの。

連子窓（れんじまど）縦方向の木を並べて取り付けた窓。茶室の場合は、ほとんどが竹の連子という。

露地（ろじ）屋根のない地面、茶屋の庭。茶室に通じる通路に設けられた庭。露次、露路、路地、盧路、盧地、鹵路とも書く。露地庭、茶庭ともいわれる。寄付《よりつき》、中門、待合、雪隠《せっちん》、蹲踞《つくばい》、燈籠《とうろう》、井戸などが配置される。

和三盆（わさんぼん）白砂糖をさらに精製して純白の結晶にしたもの。初め、中国から輸入（唐《とう》三盆）していたが、享保（一七一六～三六）頃から阿波国徳島でも作られる（和三盆）ようになった。

参考文献

1　谷口為次『出雲文庫第一編　桃西河先生著　座臥記』文明堂　一九一二
2　上野富太郎・上野静一郎『松江市誌』松江市　一九四一
3　藤間亨『うす茶器』田部美術館　一九六八
4　岡田孝男『松江の茶室』茶室研究会　一九七〇
5　『探訪　日本の庭2　山陰』小学館　一九七五
6　内藤正中・島田成矩『山陰文化シリーズ22　松平不昧』松江今井書店　一九七六
7　石村春荘「躄行列」『松江の民族芸能』松江市郷土芸能文化保護育成協議会　一九七六
8　『随筆百華苑　第二巻』中央公論者　一九八〇
9　『島根県大百科事典』山陰中央新報社　一九八二
10　『島根町誌』島根町誌編纂委員会　一九八七
11　「出雲松江藩幡ヶ谷村抱屋敷の発掘調査」『考古学ジャーナル三五六号』ニュー・サイエンス社　一九九三
12　『松平出羽守抱屋敷　出雲国松江藩抱屋敷発掘調査報告　初台遺跡』特殊法人日本芸術文化振興会・東京都渋谷区初台遺跡調査団　一九九三
13　浅川清栄『松江藩江戸屋敷所在地の研究』山陰史談二七　一九九五
14　『日本歴史地名大系33　島根県の地名』平凡社　一九九五

15 『日本史広辞典』山川出版社　一九九七
16 島田成矩『松江の歴史年表』松江今井書店　一九九七
17 中原健次『松江藩格式と職制』松江今井書店　一九九八
18 小島貞一『力士雷電　上』ベース・ボールマガジン社　一九九八
19 小島貞一『雷電日記』ベース・ボールマガジン社　一九九九
20 松平家編集部『増補復刊　松平不昧傳』原書房　一九九九
21 安澤秀一『松江藩出入捷覧』原書房　一九九九
22 小村弌『出雲国　朝鮮人参史の研究』八坂書房　一九九九
23 土屋侯保『江戸の奇人　天愚公平』錦正社　一九九九
24 『大名茶人　松平不昧展』島根県立美術館　二〇〇一
25 『島根県歴史大年表』郷土出版社　二〇〇一
26 星野春雄『松江市菓子業の軌跡　―松江市、島根県経済の変遷―』今井書店　二〇〇一
27 『松平不昧公生誕二五〇年記念顕彰特別展　茶の湯春秋　不昧公展』田部美術館　二〇〇一
28 『しながわの　大名下屋敷―お殿様の別邸生活を探る―』品川区立品川歴史館　二〇〇三
29 『江戸大名下屋敷を考える』品川区立品川歴史館　二〇〇四
30 『本堂落慶記念　天真寺の文化財』佛陀山天真寺　二〇〇四
31 『松江　人物ものがたり　―近世・近代に生きた人たち―』松江市教育委員会　二〇〇四
32 『古代文化研究12』島根県古代文化センター　二〇〇四

33 小林准士『松江市ふるさと文庫1 お殿様の御成り —近世松江藩主と本陣—』松江市教育委員会 二〇〇六
34 樫崎櫻舟『利休ゆかりの茶室 独樂庵物語』講談社 二〇〇七
35 『湖都松江 第一四号』松江市文化協会 二〇〇七
36 乾隆明編著『松江開府400年 松江藩の時代』山陰中央新報社 二〇〇八
37 乾隆明『松江市ふるさと文庫3 松江藩の財政危機を救え —二つの藩政改革とその後の松江藩—』松江市教育委員会 二〇〇八
38 『どすこい! 出雲と相撲』島根県立古代出雲歴史博物館 二〇〇九
39 乾隆明編著『松江開府400年 続松江藩の時代』山陰中央新報社 二〇一〇
40 『本陣被仰付 —名画が伝える旧家の文化—』三館合同企画展「本陣被仰付」展実行委員会 二〇一〇
41 梶谷光弘『松江市ふるさと文庫11 松江藩校の変遷と役割 —財政再建と人材育成は藩校から始まった—』松江市教育委員会 二〇一〇
42 『開府400年シリーズ 松江誕生物語』山陰中央新報社 二〇一〇
43 河村博忠「松江藩の天明2年『寸里道地図』について」『歴史地理学第五三巻第二号』二〇一一
44 『松江歴史館展示案内 雲州松江の歴史をひもとく』松江歴史館 二〇一一
45 玉木勲『松江藩を支えた 代々家老六家』ハーベスト出版 二〇一一
46 田中則雄『松江市ふるさと文庫13 雲陽秘事記と松江藩の人々』松江市教育委員会 二〇一一

47 『史料編5　松江市史　近世Ⅰ』松江市　二〇一一
48 和田嘉宥『山陰文化ライブラリー1　伝利休茶室とその周辺　―復原された松江最古の茶室―』
ハーベスト出版　二〇一一
49 『古代文化研究19』島根県古代文化センター　二〇一一
50 石井悠『シリーズ藩物語　松江藩』現代書館　二〇一二
51 『雲州松平家の大名行列　―お殿様の道中と街道―』松江歴史館　二〇一二
52 『松江藩士の江戸時代　―雨森・黒澤両家の伝来資料から―』松江歴史館　二〇一二
53 『品川歴史館紀要　第27号』品川区立品川歴史館　二〇一二
54 『松江藩主松平家の至宝』松江歴史館　二〇一三
55 『史料編11　松江市史　絵図・地図』松江市　二〇一四
56 『没後二〇〇年　名工如泥とその道統』出雲文化伝承館　二〇一四
57 伊藤昭弘『藩財政再考　藩財政・領外銀主・地域経済』清文堂出版　二〇一四
58 『松江城調査研究集録2』松江城国宝化推進室　二〇一五
59 『史料編7　松江市史　近世Ⅲ』松江市　二〇一五
60 『松江歴史叢書8』松江市　二〇一五
61 『千社札の元祖　天愚公平』松江歴史館　二〇一五
62 『布志名焼の世界　―不易流行を愉しむ―』安来市加納美術館　二〇一五
63 『企画展―美の遺産―　松平不昧　茶の湯と美術』松江歴史館　二〇一六

64　矢島新『かわいい禅画　白隠と仙厓』東京美術　二〇一六
65　三浦佳世「心の観月会　―仙厓の指月布袋画賛」『図書　第八一一号』岩波書店　二〇一六
66　『湖都松江　第三二号』松江市文化協会　二〇一六
67　『別冊太陽　仙崖　ユーモアあふれる禅のこころ』平凡社　二〇一六
68　藤間寛『不昧公の足跡　―財政再建と茶の湯文化の振興―』講演要旨　二〇一六
69　『千変万化の出雲焼　―茶陶から鑑賞陶器―』松江歴史館　二〇一七
70　和田嘉宥『松江市ふるさと文庫20　松平不昧の茶室　不昧の求めた茶の湯の空間』松江市　二〇一七
71　『湖都松江　第三四号』松江市文化協会　二〇一七

あとがき

筆者は、考古学に親しんできた者で中・近世史は専門外であるが、松江城下町の発掘調査を担当したことや、非才を顧みず、松江城と城下町や松江藩に関する内容の出版物を執筆したことが本書の執筆につながった。また、不昧公没後二〇〇年にあわせて不昧公を紹介することに意義を見出したからである

本書の執筆は、主に『増補復刊松平不昧伝』及び『松江市誌』の記述に従って行い、他の史・資料や書籍も利用した。復刊前の『松平不昧伝』は、松平家編輯部が大正六年に限定出版した和装本である。『松平不昧伝』には史実かどうか不明な点もあり、史実中心に記述するよう留意したが、確認できないまま記した部分もある。また、不昧公を批判的に捉える立場をとっていない。不昧公に対する歴史的評価は、読者の判断に委ねたい。

実際の記述は、前掲書および先学諸氏による論述・出版物、各種報告書・図録からも引用した。本来ならば、記述内容ごとに断りを入れるべきであるが、煩瑣《はんさ》になるので個人の報告・論述を除いて割愛した。引用内容は、全て掲載した参考文献による。また、掲載図と写真で所有者の分かるものは所有者名を記した。断りのない図と写真は、筆者撮影の写真以外、公的刊行物である市町村誌・史とか各種報告書や図録等からの転載による。

藩主の生い立ち、逸話、主な業績、社会の状況他について述べた。茶道については、禅とのかかわりを中心にして、筆者は無調法なのでお点前については割愛し、不昧公の時代と雰囲気を伝える遺構や茶室の紹介に努めた。

できるだけ読みやすくするため、意訳しながらの作業であったが、全ての表現を現代風にすると、本来の意味合いや臨場感を損ねてしまうので、元々使われていた言葉をそのまま使用した例も多い。そこで、読者の便をはかるため、ふりがなを付けた上、脚注欄と用語解説欄や略年表欄を設けた。少々煩瑣ではあるが、ご容赦《ようしゃ》願いたい。

幸いにして、「山陰文化ライブラリー」の一冊に入れていただいた。ハーベスト出版の社長谷口博則氏や担当の山本勝氏を始めとする社員ご一同に感謝申し上げるしだいである。

本書執筆にあたって、阿部賢治、稲田信、大野直子、大矢幸雄、梶谷光弘、勝部昭、木下誠、宍道正年、杉原隆、藤間寛、西島太郎、古津康隆、松尾寿の各氏、島根県教育委員会文化財課、島根県立図書館のご協力を得ることができた。記して謝意を表する。

なお、文中に誤りがあるとすれば、筆者の責に帰すところである。

石井　悠

二〇一八年四月

【著者略歴】

石井　悠（いしい　はるか）

一九四五年　島根県松江市生まれ
一九六七年　島根大学教育学部卒業
同　　年～　大阪府・島根県の公立中学校、島根県教育委員会文化課（埋蔵文化財）などを経て、江津市教育委員会、東出雲町教育委員会、㈶松江市教育文化振興事業団、松江市史料編纂室に勤務した。

主な著書
共著　『東出雲町誌』（東出雲町）、『竹矢郷土誌』（松江市竹矢公民館）、『風土記の考古学3』（同成社）、『図説　松江・安来の歴史』（郷土出版社）、『松江市史　史料編2』（松江市）
単著　『鉄と人』（宍道町教育委員会）、『シリーズ藩物語　松江藩』（現代書館）、『松江城と城下町の謎にせまる』（ハーベスト出版）、『松江城』（ハーベスト出版）、『松江城をつくった堀尾一族のあしあと』（ハーベスト出版）

山陰文化ライブラリー
14

お茶《ちゃ》の殿様《とのさま》　松平不昧公《まつだいらふまいこう》
——不昧《ふまい》の歩《あゆ》んだ道《みち》と
伝《つた》えられた文化遺産《ぶんかいさん》——

二〇一八年五月二十日　初版発行

著者　石井《いしい》　悠《はるか》

発行　ハーベスト出版
〒六九〇—〇一三三
島根県松江市東長江町九〇二—五九
TEL　〇八五二—三六—九〇五九
FAX　〇八五二—三六—五八八九

印刷・製本　株式会社谷口印刷

定価はカバーに表示してあります。
落丁本、乱丁本はお取替えいたします。

Printed in Japan
ISBN978-4-86456-268-3　C0021

山陰文化ライブラリーシリーズ

1. 伝利休茶室とその周辺
——復原された松江最古の茶室—— 和田　嘉宥著

2. 野口英世の親友・堀市郎とその父櫟山
——旧松江藩士の明治・大正時代—— 西島　太郎著

3. やさしく学べる古事記講座
——原文を読むと神話はもっとおもしろい—— 森田喜久男著

4. 松江城と城下町の謎にせまる
——城と城下の移り変わり—— 石井　悠著

5. 中海宍道湖の科学
——水理・水質・生態系—— 石飛　裕　神谷　宏　山室真澄著

6. 旧石器が語る「砂原遺跡」
——遥かなる人類の足跡をもとめて—— 松藤和人　成瀬敏郎著

7. 古代出雲ゼミナール
——古代文化連続講座記録集—— 島根県古代文化センター編

8. 古代出雲ゼミナールⅡ
——古代文化連続講座記録集—— 島根県古代文化センター編

9. 古代出雲ゼミナールⅢ
——古代文化連続講座記録集—— 島根県古代文化センター編

10. 発掘された出雲国風土記の世界
——考古学からひもとく古代出雲—— 内田　律雄著

11. 松江城をつくった堀尾一族のあしあと
石井　悠著

12. 古代出雲繁栄の謎
川原　和人著

13. 古代出雲ゼミナールⅣ
——古代文化連続講座記録集—— 島根県古代文化センター編

14. お茶の殿様　松平不昧公
——不昧の歩んだ道と伝えられた文化遺産—— 石井　悠著

「山陰文化ライブラリー」刊行のことば

人類は言語をもち、文字をもち、思考と記憶の伝達手段を手に入れて発達を遂げてきました。そして紙を発明し、約五百五十年前には活版印刷を発明し、知識の伝達は飛躍的に増大しました。

近年では、インターネットなど電子的メディアが急速に進歩し、これらは人類にとってさらに大きな恩恵をもたらしています。しかし、これら新しい情報伝達手段は、従来の方法にとってかわるものではなくて、むしろ選択肢を増やしたというべきです。紙の本は、依然として欠くことのできない媒体であることには変わりがありません。

人が住む地域それぞれには、アイデンティティがあり生活や文化、歴史が存在します。山陰にもこの地域ならではの生活や文化、歴史が存在します。この連綿とした人々の営みを書物という媒体に託して伝えていきたい。このシリーズの刊行にあたり、この地域を愛し、この地域のことを知りたいと思う読者に末永く愛されることを願ってやみません。

平成二三年十月一日

谷口博則